Ästhetik zur Einführung

Stefan Majetschak

Ästhetik zur Einführung

JUNIUS

Wissenschaftlicher Beirat
Michael Hagner, Zürich
Dieter Thomä, St. Gallen
Cornelia Vismann, Frankfurt a.M. †

Junius Verlag GmbH
Stresemannstraße 375
22761 Hamburg
Im Internet: www.junius-verlag.de

© 2007 by Junius Verlag GmbH
Alle Rechte vorbehalten
Umschlaggestaltung: Florian Zietz
Titelbild: Banksy, Crude Oils ›Tomato Soup‹
Satz: Junius Verlag GmbH
Printed in the EU 2016
ISBN 978-3-88506-634-7
5., unveränderte Auflage 2019

Bibliografische Information der Deutschen Nationalbibliothek
Die Deutsche Nationalbibliothek verzeichnet diese Publikation in der
Deutschen Nationalbibliografie; detaillierte bibliografische Daten
sind im Internet über http://dnb.dnb.de abrufbar.

Zur Einführung ...

... hat diese Taschenbuchreihe seit ihrer Gründung 1978 gedient. Zunächst als sozialistische Initiative gestartet, die philosophisches Wissen allgemein zugänglich machen und so den Marsch durch die Institutionen theoretisch ausrüsten sollte, wurden die Bände in den achtziger Jahren zu einem verlässlichen Leitfaden durch das Labyrinth der neuen Unübersichtlichkeit. Mit der Kombination von Wissensvermittlung und kritischer Analyse haben die Junius-Bände stilbildend gewirkt.

Von Zeit zu Zeit müssen im ausfernden Gebiet der Wissenschaften neue Wegweiser aufgestellt werden. Teile der Geisteswissenschaften haben sich als Kulturwissenschaften reformiert und neue Fächer und Schwerpunkte wie Medienwissenschaften, Wissenschaftsgeschichte oder Bildwissenschaften hervorgebracht; auch im Verhältnis zu den Naturwissenschaften sind die traditionellen Kernfächer der Geistes- und Sozialwissenschaften neuen Herausforderungen ausgesetzt. Diese Veränderungen sind nicht bloß Rochaden auf dem Schachbrett der akademischen Disziplinen. Sie tragen vielmehr grundlegenden Transformationen in der Genealogie, Anordnung und Geltung des Wissens Rechnung. Angesichts dieser Prozesse besteht die Aufgabe der Einführungsreihe darin, regelmäßig, kompetent und anschaulich Inventur zu halten.

Zur Einführung ist für Leute geschrieben, denen daran gelegen ist, sich über bekannte und manchmal weniger bekannte Autor(inn)en und Themen zu orientieren. Sie wollen klassische

Fragen in neuem Licht und neue Forschungsfelder in gültiger Form dargestellt sehen.

Zur Einführung ist von Leuten geschrieben, die nicht nur einen souveränen Überblick geben, sondern ihren eigenen Standpunkt markieren. Vermittlung heißt nicht Verwässerung, Repräsentativität nicht Vollständigkeit. Die Autorinnen und Autoren der Reihe haben eine eigene Perspektive auf ihren Gegenstand, und ihre Handschrift ist in den einzelnen Bänden deutlich erkennbar.

Zur Einführung ist in verstärktem Maß ein Ort für Themen, die unter dem weiten Mantel der Kulturwissenschaften Platz haben und exemplarisch zeigen, was das Denken heute jenseits der Naturwissenschaften zu leisten vermag.

Zur Einführung bleibt seinem ursprünglichen Konzept treu, indem es die Zirkulation von Ideen, Erkenntnissen und Wissen befördert.

Michael Hagner
Dieter Thomä
Cornelia Vismann

Inhalt

1. **Einleitung** 9
   Ästhetik als philosophische Disziplin 9
   Die Perspektive dieser Einführung 13

I. GRUNDFIGUREN PHILOSOPHISCHER ÄSTHETIK

2. **Baumgartens Wissenschaft der sinnlichen Erkenntnis** .. 19
   Der rationalismuskritische Impuls 19
   Psychologie der Sinnesvermögen 22
   Das Ziel der *Aesthetica* 27
   Dimensionen des Schönheitsbegriffs 29
   Schönes, vernunftanaloges Denken und
   ästhetische Wahrheit 33
   Ästhetische Lehre und Theorie der freien Künste 36

3. **Kants Theorie der ästhetischen Urteilskraft** 41
   Fragestellung und Ausgangspunkt der dritten Kritik 42
   Die Analyse des Geschmacksurteils 45
   Vorrang der Natur- vor der Kunstschönheit 51
   Kunst und Genie 54
   Das Erhabene 59

4. **Hegels Philosophie der schönen Kunst** 65
   Schönheit: Das sinnliche Scheinen der Idee 68
   Kunst als Darstellung des Absoluten 71
   Die so genannte These vom Ende der Kunst 74
   Spekulative Kunstphilosophie zwischen abstrakter
   Philosophie des Schönen und Kunstgeschichte 76
   Symbolische, klassische und romantische Kunst 79

II. ÄSTHETIK IM ZEITALTER DER MODERNEN KUNST

5. Selbstverständlichkeitsverluste in Kunst und Kunsttheorie 87
Schönheit 89
Das Erhabene und die moderne Kunst (Lyotard, Newman) . 94
Nachahmung der Natur 98
Kunst über Kunst (Greenberg) 100
Kommentarbedürftigkeit (Gehlen, Kosuth) 104
Genie 108

6. Kunst, Erkenntnis, Wahrheit 115
Kunst als Erkenntnisarbeit an Sichtbarkeit (Fiedler) 115
Das Sich-ins-Werk-setzen der Wahrheit
im Kunstwerk (Heidegger) 119
Die mimetische Rationalität der Kunst (Adorno) 125

7. Ästhetik nach dem »linguistic turn« 137
»Richtigkeit« statt »Schönheit« (Wittgenstein) 138
Sprachanalytische Kunsttheorie 145
Symptome des Ästhetischen (Goodman) 152
Kunstwerke als Interpretationskonstrukte (Danto) 158

8. Kunst, Wahrnehmung und Verstehen 165
An-Blicke 165
Sinnebenen von Kunstwerken (Panofsky, Imdahl) 168
Kunsterklärung und Kunstverständnis
(Nochmals Wittgenstein) 172

Literatur 182
Über den Autor 189

1. Einleitung

Ästhetik als philosophische Disziplin

Als »Philosophische Ästhetik« im weiten und vagen Sinne lässt sich jegliche Form des philosophischen Nachdenkens über das Schöne und die Kunst bezeichnen. In einem engeren Sinne versteht man darunter jene Art des systematischen Philosophierens über die ästhetischen Kompetenzen des Menschen und über die Kunst, die in der Mitte des 18. Jahrhunderts als eine eigenständige Teildisziplin der Philosophie entstand. Ihr Geburtsdatum im engen Sinne lässt sich genau bestimmen. Exakt in der Mitte des Jahrhunderts, im Jahre 1750, veröffentlicht Alexander Gottlieb Baumgarten den ersten Band seiner *Aesthetica*, deren zweiter 1758 erscheint. Bereits zwei Jahre zuvor hatte ein Schüler Baumgartens, Georg Friedrich Meier, die *Anfangsgründe aller schönen Wissenschaften* (Bd. 1, Halle 1748) zu veröffentlichen begonnen. Doch berief er sich zur Begründung seines philosophischen Ansatzes auf seinen Lehrer, dessen *Aesthetica* der neuen Wissenschaft den Namen gab und der man deshalb zu Recht nachsagt, die Geburtsurkunde aller künftigen Ästhetik darzustellen. Obgleich Baumgarten – damals wie heute – wenig gelesen wurde, traf der Titel seines Buches offenbar den Nerv des Zeitalters. Denn kaum mehr als ein halbes Jahrhundert später konnte Jean Paul am Anfang der Vorrede zur ersten Ausgabe seiner *Vorschule der Ästhetik* (1804) bereits konstatieren: »Von nichts wimmelt unsere Zeit so sehr als von Ästhetikern.«

Im vagen und weiten Sinne der obigen Namenserklärung, sie sei die philosophische Erörterung des Schönen und der Kunst, hat es »Ästhetik« natürlich auch schon vor Baumgarten – im Grunde seit den antiken Anfängen der Philosophie – gegeben. Der Begriff »Ästhetik« stammt dem Wortsinn nach von dem griechischen Wort *aisthesis* ab, das sich als »Sinneswahrnehmung« übersetzen lässt, und über diese im Allgemeinen sowie über die Wahrnehmung des Schönen und der Künste im Besonderen wurde zu allen Zeiten philosophisch nachgedacht, wenn auch zumeist nicht hauptthematisch, sondern im Kontext übergeordneter metaphysischer Fragestellungen, und auch nicht unter dem expliziten, modernen Titel einer »Ästhetik«. In diesem weiten Sinne hätte dann schon Platon »Ästhetik« betrieben, wenn er Sokrates und seinen Gesprächspartner Hippias im Dialog *Hippias Maior* »über das Schöne selbst, was es ist« (286d), debattieren und nach einer Definition des Wesens jenes Schönen suchen lässt, das »alles« besondere »Schöne« »schön« (287c) mache. Und in diesem vagen Sinne könnte man natürlich auch sagen, dass seine Überlegungen zum ontologischen Status der Künste im zehnten Buch der *Politeia*, die ihn veranlassen, den Künstlern in einem idealen Staatsgebilde eine Heimstatt zu verweigern, als ein – wenn auch kritischer – Beitrag zur Kunstphilosophie zu werten seien. Ebenso ließen sich die dichtungstheoretischen Überlegungen der *Poetik* des Aristoteles als ein früher Beitrag zur »Ästhetik« verstehen. Und tatsächlich sind solche und andere Gedankenmotive, die in klassischen Texten der Antike formuliert wurden, oftmals wichtig geworden für das, was Ästhetik im 18. Jahrhundert schließlich werden sollte, weil man auf solche Texte immer wieder als Quellen zurückgriff.

Was seit der Antike über das Schöne und die Kunst gedacht und geschrieben wurde, hat man deshalb gelegentlich unter dem Namen einer antiken oder mittelalterlichen »Ästhetik« zu rekonstruieren versucht (vgl. z.B. Perpeet 1977 u. 1988). Und solche Darstellungen können durchaus sehr erhellend sein; jedenfalls dann, wenn bewusst bleibt, dass es sich um Rekonstruktionen aus einer post-baumgartenschen Perspektive handelt, die eine spätere Denkfigur in die Vergangenheit rückprojizieren. Denn – dies zu betonen, ist wichtig – der Antike und dem Mittelalter, ja noch der Frühen Neuzeit sind »eine separate Kunstphilosophie, etwa im Sinne einer Regionaldisziplin ›Ästhetik‹« im heutigen Sinne, an sich »fremd« (Kreuzer 2005, 37). Wohl gibt es – neben der Thematisierung der Schönheit des göttlichen Einen oder der Schöpfungsordnung im Rahmen spätantiker und christlicher Metaphysikentwürfe (vgl. ebd.) – seit der Antike ein reiches, bis zur Gegenwart oft neuediertes Schrifttum zu Rhetorik und Dichtungstheorie (vgl. z.B. [Pseudo-]Longinus 1988; Quintilian 1995) sowie eine umfangreiche Fachliteratur für Architekten und Maler (vgl. Schneider 1996, 10 f.; Heinemann 2005, 20 f.), für die z.B. Vitruvs Architekturtraktat (1. Jh. n.u.Z., Vitruv 1996) als ein antikes oder Albertis Schrift über die Malkunst von 1435/36 (Alberti 2000) als ein frühneuzeitliches Beispiel dienen können. Zudem sind aus der Zeit vor dem 18. Jahrhundert einige Schriften überkommen, die mit enzyklopädischem (Plinius d.Ä. 1997) oder biographischem (Vasari 2004) Zugriff auf ihren Gegenstand das jeweilige zeitgenössische Wissen über einzelne Künste zusammenzutragen versuchen. Diese Schriften hat noch heute zu konsultieren, wer Verständigung über deren je zeitgenössische Deutung sucht. Doch ein systematisches *philosophisches* Nachdenken über die ästhetischen Urteilskompetenzen des Menschen und über die Kunst, wie wir es seit Baumgarten kennen und in einem engeren Sinne als »Ästhetik« bezeichnen, findet sich vor Mitte des 18. Jahrhunderts nicht.

In diesem engeren Sinne entsteht »Ästhetik« erst in dem Moment, in dem man die menschlichen Sinnesvermögen sowie die

Kunst auf eine neue Weise zu sehen beginnt, die in der Tradition der europäischen Philosophie vor Baumgarten *so* kein Vorbild hat: als etwas, in dem eine je *eigene*, gleichsam »vernunftanaloge« Art von Gesetzlichkeit herrscht, die mit den begriffs- und aussagenlogisch verfassten Vernunft- und Verstandesgesetzen, welche dasjenige definieren, was wir traditionellerweise als »Rationalität« bezeichnen, nicht gleichgesetzt werden kann. Diese Eigengesetzlichkeit der sinnlichen Anschauung und der Kunst zu analysieren, zu beschreiben und in ihrer von diskursiver Rationalität unabhängigen Relevanz für die menschliche Weltorientierung herauszustellen, dies ist das Programm, dem sich philosophische Ästhetik seither verschreibt. Über die geschichtlich späte Etablierung einer unter diesem Gesichtspunkt antretenden philosophischen Disziplin mag man überrascht sein. Die Gründe dafür lassen sich hier, im Rahmen einer Einführung in Denkfiguren philosophischer Ästhetik, freilich kaum mehr als andeuten, nicht zuletzt, weil sie das philosophisch Begründbare aufs Soziologische und Kunsthistorische hin überschreiten.

Zum einen dürften die in diesem Zusammenhang in Frage stehenden Gründe mit der spezifischen philosophischen Situation im 18. Jahrhundert zu tun haben, genauer gesagt: mit dem seinerzeit dominanten philosophischen Rationalismus, der ausschließlich begriffliches Wissen als wahres Wissen anerkannte und gegen dessen damit einhergehende Verkennung der in den Sinnesvermögen gelegenen vernunftanalogen Kompetenzen des Menschen Baumgartens *Aesthetica* rebellierte. Diese Rebellion gegen den aus seiner Sicht verengten Erkenntnisbegriff des Rationalismus führte Baumgarten – philosophiehistorisch gesehen erstmals – dazu, die Eigengesetzlichkeit und Erkenntnisfähigkeit der Sinnesvermögen des Menschen explizit zu thematisieren. Über Baumgartens Entdeckung der Gesetze der menschlichen Sinnesvermögen hinaus dürfte die späte Erfindung der Ästhetik zum anderen aber auch damit zu erklären sein, dass im Zuge der – wie der Kunsthistoriker Oskar Bätschmann es nannte – »Revolution des sozialen Systems Kunst« (Bätschmann 1997, 11) in der Mitte des 18. Jahrhunderts so etwas wie eine wirklich *freie* Kunst, die das Interesse der Philosophie auf sich ziehen kann, überhaupt erst entsteht. Erst eine autonome, nicht mehr wie ehedem auf ein vorgegebenes, seitens kirchlicher oder höfischer Auftraggeber bestimmtes und im Blick auf akzeptierte Gattungen, Gehalte usw. weithin kanonisiertes Sinnsystem verpflichtete, sondern ihre eigenen Sinnkonzepte verfolgende Kunst konnte ja hinsichtlich ihres Sinns, ihrer Funktion sowie ihrer Gehalte und Formstrukturen allererst philosophisch frag*würdig*, ja einer philosophischen Interpretation gar *bedürftig* werden. Denn jetzt, da sie nicht mehr an einen übergeordneten Logos gebunden erscheint, musste sich die Frage nach ihren autonomen Sinnpotenzialen, die die philosophische Ästhetik im engeren Sinne auszeichnet, nachdrücklich stellen.

Die Perspektive dieser Einführung

Was immer aber philosophische Ästhetik im modernen Sinne auf den Weg gebracht haben mag: Seit ihrer Entstehung im 18. Jahrhundert lässt sie sich als das Projekt kennzeichnen, die einer autonomen Kunst, der ästhetischen Anschauung und dem ästhetischen Urteil einwohnende, nicht begriffs- und aussagenlogisch verfasste Eigengesetzlichkeit mit begrifflichen Mitteln aufzuklären und – soweit es geht – einsichtig zu machen. Das vorliegende Buch verfolgt das Ziel, in grundlegende und prominente Denkfiguren und -motive, die im Rahmen dieses Projekts ausgebildet worden sind, einzuführen, indem es sie – wie es in der Philosophie kaum anders möglich ist – an ihrem historischen

Ursprung aufsucht, um sie mit jeweils wenigen, vielleicht in der hier gebotenen Knappheit der Darstellung gelegentlich holzschnittartig anmutenden Zügen zu charakterisieren. Gerade unter der Maßgabe der Umfangsbeschränkungen, denen der vorliegende Band ebenso wie alle anderen der bewährten Reihe »zur Einführung« unterliegt, wird es dabei weder um einen vollständigen Überblick über die seit Baumgarten entwickelten Positionen in ihrer historischen Chronologie noch auch nur um eine jeweils vollständige Vergegenwärtigung der aus heutiger Sicht einflussreichsten Ansätze gehen können. Darstellungen philosophischer Ästhetik in solchen Perspektiven liegen freilich bereits an anderen Orten vor (vgl. Schneider 1996; Scheer 1997; Majetschak 2005a). Und darum kann sich die Darstellung des vorliegenden Buchs auf die Herausarbeitung solcher Grundfiguren und -motive der ästhetisch-kunstphilosophischen Reflexion konzentrieren, von denen der Verfasser (in seiner unvermeidlicherweise subjektiven Sicht auf die Geschichte der Ästhetik) meint, dass sie auch in heutigen kunstphilosophischen Debatten nicht vernachlässigt werden können.

Im ersten Teil des Buches werden in diesem Sinne die ästhetisch-kunstphilosophischen Ansätze Alexander Gottlieb Baumgartens, Immanuel Kants und Georg Wilhelm Friedrich Hegels in Grundzügen vorgestellt. Die kunstphilosophischen Gedanken, die bei diesen drei Autoren niedergelegt wurden, werden hier als Grundfiguren philosophischer Ästhetik bezeichnet, weil alle späteren Theorieansätze in aestheticis auch unter Bedingungen der Kunst der Moderne – sei es affirmativ, sei es kritisch – an sie anschließen. Wegen des grundlegenden Charakters der hier jeweils entfalteten Denkfiguren wurde bei der Darstellung darauf Wert gelegt, dass die entsprechenden Kapitel von Lesern, die nur Auskunft über eine dieser Positionen suchen, unabhängig voneinander gelesen werden können. Im zweiten Teil des Buches wird dagegen versucht, wichtige ästhetisch-kunstphilosophische Positionen – teils ausschnittartig und entsprechend ohne den Anspruch, die jeweilige Position vollständig zu präsentieren – in eine tendenziell zusammenhängende Argumentation einzubauen. Diese zielt darauf, einsichtig zu machen, dass sich Haupttendenzen der ästhetischen Theoriebildung seit der Mitte des 19. Jahrhunderts als Versuche interpretieren lassen, jenen in der Entwicklung der Kunst der Moderne immer deutlicher werdenden Selbstverständlichkeitsverlusten hinsichtlich dessen, was Kunst sei oder sein solle, auch theoretisch gerecht zu werden.

Für die vierte Auflage wurden die Kapitel dieses Buches an einigen Stellen überarbeitet und ergänzt. Im Zuge der Überarbeitung wurde auch die Rechtschreibung in Zitaten behutsam an die neue deutsche Rechtschreibung angepasst. Im zweiten Teil des Buches sind einige Textpassagen und Unterkapitel hinzugefügt worden.

I. Grundfiguren philosophischer Ästhetik

2. Baumgartens Wissenschaft der sinnlichen Erkenntnis

Wenn es gilt, Grundfiguren philosophischer Ästhetik herauszuarbeiten, lässt sich die Theorie von Alexander Gottlieb Baumgarten (1714–1762) zweifellos nicht übergehen; nicht nur, weil seine *Aesthetica* – wie bereits einleitend erwähnt wurde – der gesamten Disziplin den Namen gab, sondern vor allem auch darum, weil sie zahlreiche, in ästhetisch-kunstphilosophischen Diskursen bis heute wirkungsmächtige Theoriemotive zuerst formulierte. Im ersten Paragraphen des Buchs definierte Baumgarten »Ästhetik« als »Wissenschaft der sinnlichen Erkenntnis«, die zugleich »als Theorie der freien Künste, als untere Erkenntnislehre, als Kunst des schönen Denkens und als Kunst des der Vernunft analogen Denkens (*ars analogi rationis*)« (Baumgarten 1988, § 1) zu betreiben sei. Was Ästhetik für Baumgarten ist, lässt sich aus dem Zusammenhang der die Wissenschaft der sinnlichen Erkenntnis konstituierenden Teilgebiete verständlich machen.

Der rationalismuskritische Impuls

Am Anfang von Baumgartens Projekt steht – auch historisch-werkgenetisch gesehen – zweifellos seine Überzeugung, dass die neue Wissenschaft der sinnlichen Erkenntnis »untere Erkenntnislehre« sein müsse, d.h. Theorie der sinnlichen Vermögen des

Menschen: seiner anschaulichen Wahrnehmung der Welt, seines Gedächtnisses, seiner Phantasie usw. Diese sinnlichen Vermögen hatte man in der Schulsprache der rationalistischen, auf Descartes und Leibniz zurückgehenden Philosophie jener Zeit – im Unterschied zu den oberen Erkenntnisvermögen »Verstand« und »Vernunft« – als »untere Erkenntnisvermögen« bezeichnet, was einerseits zwar ihren fundamentalen, andererseits aber auch ihren niederrangigen Charakter betonte. Denn man meinte, diesen sinnlichen Vermögen keinen hohen Stellenwert im menschlichen Erkenntnishaushalt beimessen zu müssen. Vielmehr waren die meisten rationalistischen Philosophen der Zeit überzeugt, dass dasjenige, was die Sinne dem Menschen präsentieren, *primär* als »die Mutter des Irrtums« (§ 7), nicht aber als eine eigene, vertrauens- und untersuchungswürdige Form von Welterkenntnis zu betrachten sei. Als solche sollte nur »deutliche Erkenntnis« in Begriffen gelten, die allein wahrheitsfähig sei und darum »den Vorzug« (§ 8) vor den sinnesbasierten Vorstellungen des Menschen verdiene, wie Baumgarten in den einleitenden Paragraphen seiner *Aesthetica* die rationalistische Grundüberzeugung wiedergibt. Baumgarten, der dem zeitgenössisch herrschenden Rationalismus in zentralen Grundannahmen und vor allem hinsichtlich der philosophischen Schulsprache, in der er schrieb, stets verpflichtet blieb, hatte dagegen zweierlei entdeckt, was ihn zumindest auf dem Gebiet der unteren Erkenntnislehre zu rationalismuskritischen Thesen führte: *erstens*, dass den sinnlichen Erkenntnisvermögen des Menschen durchaus eine eigene, interne Gesetzlichkeit einwohne, die sich im Rahmen einer »unteren Erkenntnislehre« teils philosophisch, teils empirisch erhellen lasse, und *zweitens*, dass ihnen gemäß dieser Gesetzlichkeit zudem ein von Verstand und Vernunft unabhängiges Erkenntnispotenzial zukomme, das der Rationalismus nicht zureichend beachtet hatte. Und so trat Baumgartens neue Wissenschaft der sinnlichen Erkenntnis an, die rationalistische Missachtung der Eigengesetzlichkeit und des Erkenntnispotenzials der Sinne nachdrücklich zu kritisieren.

Im Lichte seiner Entdeckung erkannte Baumgarten nämlich – und diese Einsicht bezeichnet den rationalismuskritischen Impuls, aus dem sein Denken sich speist –, dass alles begriffliche Wissen von der Welt in Form von logisch korrekten, formal in sich widerspruchsfreien Theorien, wie es der Rationalismus favorisierte, um den Preis eines nicht unbedeutenden Verlusts erkauft ist. Die »Gegenstände methodischen Denkens und wissenschaftlicher Darstellung« sind einem solchen Wissen ja stets nur »in Form von Allgemeinbegriffen« gegeben, die von der materiellen Fülle und dem Reichtum dessen, was die Sinne dem Menschen präsentieren, zugunsten weniger in einem Begriff gedachter Begriffsmerkmale *abstrahieren* müssen, wie es im berühmten Paragraphen 560 von Baumgartens *Aesthetica* heißt. Abstrahieren freilich, so wie man diesen Begriff im 18. Jahrhundert gebrauchte, heißt *absehen von*. Und solches *Absehen von*, solche *Abstraktion* liegt im Wesen begrifflichen Denkens, das den »unübersehbaren Reichtum« (§ 564) an individuellen Erscheinungen, der sich dem Menschen zeigt, wenn er die Welt offenen und klaren Sinnes betrachtet, in Begriffen überhaupt nicht fassen *kann*. Deshalb glaubte Baumgarten, »es müsste den Philosophen« eigentlich »völlig klar sein, dass nur mit einem großen und bedeutenden Verlust an materialer«, sinnlich wahrnehmbarer »Vollkommenheit« der Dinge »all das hat erkauft werden« können, was an weltorientierendem Wahrheitsgehalt in begrifflichem Denken liegt. »Denn was bedeutet die Abstraktion anderes als einen Verlust?« (§ 560) Der Philosophie seiner Zeit war dies indes noch keineswegs so klar, und so ist Baumgarten der Erste, der in seiner *Aesthetica* die Möglichkeit eines nicht-abstraktiven, wie er es nennen wird, *schönen* Denkens konzipiert, dessen Erkenntnishaltigkeit sich nicht in theoretischen Aussagesystemen, sondern in sinnlich wahrnehmbaren Gestalten, z.B. in Kunstwerken, niederschlägt.

Psychologie der Sinnesvermögen

Zu seiner grundlegenden Einsicht, dass den menschlichen Sinnesvermögen eine eigengesetzliche Erkenntnisfähigkeit zukomme, ist Baumgarten freilich nicht erst in der *Aesthetica* von 1750 gelangt. Bereits in einem »Psychologia Empirica« (Erfahrungspsychologie) betitelten Hauptabschnitt seines Werkes *Metaphysica* von 1739 hatte er sie ausgearbeitet und dabei »Ästhetik« – ganz ähnlich wie im ersten Paragraphen der *Aesthetica* – als eine »Wissenschaft der sinnlichen Erkenntnis und Darstellung« bestimmt, die »als Logik des unteren Erkenntnisvermögens, als Philosophie der Grazien und der Musen, als untere Erkenntnislehre, als Kunst des schönen Denkens« und »als Kunst des der Vernunft analogen Denkens« (Baumgarten 1983, § 533) zu entfalten sei. Wenn Baumgarten das »untere«, sinnliche »Erkenntnisvermögen« des Menschen hier als dessen »Fähigkeit« erläutert, »etwas dunkel und verworren oder undeutlich zu erkennen« (§ 520), zeigt sich eine grundsätzliche Schwierigkeit, mit der sein Projekt damals konfrontiert war. Denn er ist gezwungen, es mithilfe einer Theoriesprache zu charakterisieren, die Gottfried Wilhelm Leibniz (1646-1716) 1684 in seiner Schrift *Meditationes de Cognitione, Veritate et Ideis (Betrachtungen über die Erkenntnis, die Wahrheit und die Ideen* [hg. Holz 1985]) in die Philosophie eingeführt hatte und die schon durch die Bezeichnung der sinnlichen Vorstellungen des Menschen als »verworren« und »undeutlich« nahelegte, diese als etwas zu verstehen, das im Zuge eines Prozesses vernünftigen Erkennens zugunsten »deutlicher«, d.h. begrifflicher Verstandeseinsicht zu überwinden sei.

»Deutlich« zu nennen ist eine Erkenntnis nach Leibniz nämlich erst dann, wenn man über einen Begriff von der je zu erkennenden Sache verfügt und sie durch die den Begriff bestimmenden »Merkmale und ausreichende Prüfung von allen anderen ähnlichen Körpern unterscheiden« (35) kann. In diesem Sinne haben, wie Leibniz meinte, beispielsweise die »Münzwardeine«, die über die Münzherstellung und die Echtheit von Münzsorten wachen, gewöhnlich einen »deutlichen« Begriff »vom Golde« (ebd.). Denn sie können, wenn man sie unter Umständen danach fragt, explizit ausweisen, anhand welcher Merkmale sie echte von falschen Goldmünzen zu unterscheiden vermögen. »Verworren« dagegen heißt eine Erkenntnis in Leibniz' Sprache stets dann, wenn man eine Vorstellung der Sache hat, die zwar »klar« genug ist, um etwas mit ihrer Hilfe bei bestimmten Gelegenheiten mehr oder minder sicher wiederzuerkennen, nicht aber »genügend Kennzeichen gesondert aufzählen kann, um die Sache von anderen zu unterscheiden« (33). Dieser erkenntnistheoretischen Unterscheidung entsprechend müssen natürlich alle dem Menschen durch seine Sinnesvermögen gegebenen Vorstellungen als »verworren« oder »undeutlich« gelten. Denn es ist ihre Eigentümlichkeit, dass sie, so klar sie auch immer sein mögen, Merkmale der Sache nur enthalten, z.B. etwas Goldenes mit einigen seiner wahrnehmbaren Qualitäten anschaulich vor Augen stellen, diese Merkmale aber freilich nicht explizit so herausheben, dass man sie im Zweifelsfall zur begründeten Unterscheidung der Sache von anderem – etwa echten Golds von Goldimitat – verwenden kann. Auch Baumgarten schließt sich wie viele rationalistische Philosophen der Zeit dieser leibnizschen Unterscheidung an, wenn er das untere Erkenntnisvermögen des Menschen als Fähigkeit, etwas verworren oder undeutlich zu erkennen, bezeichnet. Doch heißt dies für ihn eben keineswegs, dass solche verworrenen, undeutlichen Vergegenwärtigungen der Sinne keine wirklichen Erkenntnisse und bloß etwas zugunsten begrifflich-deutlicher Erkenntnis zu Überwindendes seien. Wer nämlich etwas verworren, nicht deutlich oder – was für Baumgarten dasselbe bedeutet – »sinnlich« (§ 521) »denkt, unterscheidet dessen Merkmale« zwar »nicht voneinander, dennoch vergegenwärtigt er sie oder stellt sie sich vor« (§ 510). Im Sinne einer Vergegenwärtigung der mannigfaltigen, sinnlich wahrnehmbaren Merkmale der Welt leisten die sinnlichen Vermögen des Menschen insofern zur Erkenntnis durchaus einen wichtigen, positiven Beitrag, denn diese Vergegenwärtigung geschieht in ihnen auf eine Weise, deren interne, in der *Metaphysica* analysierte Gesetzlichkeit erkennen lässt, dass man auf die Erkenntnis- und Wahrheitsfähigkeit der Sinne sehr wohl vertrauen kann.

Diesen Gedanken, der eine gegenüber der rationalistischen Auffassung eminente Aufwertung der menschlichen Sinnesvermögen bedeutet, arbeitet Baumgarten erstmals in der Erfahrungspsychologie seiner *Metaphysica* heraus. Hier denkt er die menschliche »Seele« als »eine vorstellende Kraft« (§ 506), »welche die Welt entsprechend der Stellung ihres Körpers vergegenwärtigt« (§ 513). Das ist ihr möglich, weil die Seele nach Baumgarten über eine »Fähigkeit zu empfinden« verfügt, die er als »Sinn« bezeichnet. »Der Sinn vergegenwärtigt« – etwa im Falle einer Selbstwahrnehmung – »entweder den Zustand meiner Seele« und »heißt dann innerer Sinn, oder den Zustand meines Körpers, dann sprechen wir vom äußeren Sinn« (§ 535). Weil dessen »Empfindungen (Erscheinungen)« von Körperzuständen aber nun durch Einflüsse der äußeren Welt bedingt sind, kann man auch sagen, dass die Empfindungen bzw. Erscheinungen des äußeren Sinnes (z.B. in seinen konkreten Manifestationen als Gesichtssinn, Gehör oder Geschmackssinn) »Vorstellungen des gegenwärtigen Zustandes der Welt« (§ 534) darstellen. Denn das »Gesetz der Empfindung«, das die Bildung solcher Vorstellungen (mit ihren je nach der

Stellung des Körpers im Raume unterschiedlichen Verworrenheits- und Intensitätsgraden) beherrscht und welches Baumgarten entdeckt zu haben glaubte, »lautet: So wie die Zustände der Welt und meine Zustände aufeinander folgen, ebenso folgen die Vorstellungen von ihnen, die« in der Seele »gegenwärtig sind, ihrerseits aufeinander« (§ 541). Es besagt also, dass die Ordnungen der Weltzustände, der von ihnen ausgelösten Körperzustände sowie der solche Körperzustände vergegenwärtigenden Sinnesvorstellungen stets parallel verlaufen, woraus sich – wenn dies richtig ist – natürlich die Konsequenz ergibt, dass man dem Realitätsgehalt der sinnlichen Vorstellungen des Menschen im Prinzip nicht zu misstrauen braucht.

Im Gegenteil muss man auf der Grundlage dieses Gesetzes mit Baumgarten sagen: »Da die Empfindungen«, die mittels des äußeren Sinnes gewahrt werden, »als solche den gegenwärtigen Zustand des Körpers [...] vorstellen«, dieser aber auf Affektionen durch Weltzustände zurückgeht, so dass »äußere Empfindungen wirkliche, also auch mögliche Dinge, und zwar Dinge dieser Welt, erkennen, so sind sie die wahrsten Empfindungen der ganzen Welt, und keine unter ihnen ist eine Täuschung der Sinne« (§ 546).

Wer die Logik des unteren Erkenntnisvermögens durchschaut, hat also gar keinen Grund, die verworrenen Vorstellungen der menschlichen Sinnlichkeit primär als Mutter des Irrtums zu betrachten. Natürlich gibt es das, was man gewöhnlich »Blendwerk der Sinne« nennt. Dieses ist nach Baumgarten allerdings gar nicht auf vermeintliche Mangelhaftigkeiten der menschlichen Sinnesvermögen zurückzuführen, sondern – und für den Rationalismus muss diese Erklärung eine Provokation sein – auf Fehler des Verstandes, der aus den sinnlichen Gegebenheiten des äußeren Sinnes im Lichte von »Vorurteilen« falsche Schlüsse zieht, was z.B. dann der Fall ist, wenn wir dem Vorurteil erliegen, die Wahrnehmung einer schwarzen Fläche sei *als* Tür zu deuten und dann irrtümlich in eine Wand hineinlaufen. »Bei demjenigen, der von allen Vorurteilen und allen sich einschleichenden Fehlern frei wäre, könnte« freilich »alles Blendwerk der Sinne nichts ausrichten.« (§ 547)

Ähnliche Gesetze wie für den äußeren Sinn glaubte Baumgartens Wissenschaft der sinnlichen Erkenntnis in der Fassung der *Metaphysica* auch für die Phantasie und das Dichtungsvermögen, das Gedächtnis, das Bezeichnungsvermögen, das Vermögen der Voraussicht und der Erwartung sowie die »Perspicacia« – das »Vermögen der durchdringenden Einsicht« (Sectio V), wie es in der deutschen Übersetzung heißt – aufweisen zu können. Zu Letzterer rechnet er den »Geist«, das »Ingenium« des Menschen als die »Fertigkeit, die Übereinstimmungen« weit auseinander liegender oder sehr verschiedener »Dinge zu erfassen« (§ 572), sowie den »Scharfsinn«, worunter er die »Fertigkeit« versteht, »die Verschiedenheiten« (§ 573) scheinbar ähnlicher Dinge zu sehen. So wichtig und innovativ es auch gewesen sein mag, auf die inneren Gesetze sowie das Erkenntnispotenzial der Sinne erstmals hingewiesen zu haben: Philosophisch – und zu Zeiten einer fortgeschrittenen Erfahrungspsychologie auch psychologisch – können diese von Baumgarten eruierten Gesetze im Einzelnen heute kaum mehr Interesse beanspruchen. Ausdrücklich erwähnt sei darum aus seiner *Metaphysica* nur noch seine knappe Analyse des sinnlichen Urteilsvermögens, weil sie auf die Problemstellungen der *Aesthetica* vorausweist.

Ein sinnliches Urteilsvermögen spricht Baumgarten dem Menschen zu, weil ich, wenn ich mir Vorstellungen von der Welt gemäß der Stellung meines Körpers im Raum bilde, die Welt nicht nur mittels der Sinne vergegenwärtige. Vielmehr »erkenne« ich nach Baumgarten zugleich auch »die Vollkommenheit und die Unvollkommenheit der Dinge, d.h. ich beurteile sie« (§ 606). Dieses »sinnliche Urteilsvermögen« heißt »der Geschmack« (§ 607), der über das je Beurteilte ein »Urteil der Sinne«, d.h. ein »Urteil der Augen, der Ohren usw.« (§ 608) fällt. Das »Gesetz des Urteilsvermögens«, das den Geschmack dabei leitet, »lautet« nach Baumgartens Analyse in der *Metaphysica*: »Wenn die Verschiedenheiten einer Sache entweder als zusammenstimmend oder als nicht zusammenstimmend erkannt werden, so wird ihre Vollkommenheit oder Unvollkommenheit erkannt« (§ 607), was wohl so zu verstehen ist, dass dasjenige, was hinsichtlich des Zusammenspiels oder Zusammenklangs seiner Teile als zusammenstimmend erscheint, als vollkommen, was dagegen hinsichtlich der Einheit der Teile als disparat oder nicht zusammenstimmend erfahren wird, als unvollkommen beurteilt werde. Die in einem solchen Geschmacksurteil beurteilte sinnlich gewahrte Vollkommenheit der Sache lässt sich auch als ihre Schönheit bezeichnen. Doch dieser Gedanke weist schon in die *Aesthetica* hinein.

Das Ziel der *Aesthetica*

In der *Aesthetica* von 1750 entwickelt Baumgarten das Projekt einer Ästhetik als untere Erkenntnislehre, das er 1739 begonnen hatte, im Blick auf die übrigen Bestimmungen fort, die seinen weiten Begriff von Ästhetik ausmachen. Hier nimmt er die innerhalb des unteren Erkenntnisvermögens ausdifferenzierbaren Teilvermögen Sinn, Phantasie, Geist und Scharfsinn, Gedächtnis, dichterische Anlage, Geschmack und andere, die die untere Erkenntnislehre der *Metaphysica* auf ihre Gesetze hin befragt hatte, als jene lebendigen Kräfte oder natürlichen Anlagen auf, die »unerlässlich« (§ 41) sind für einen Menschen, den ein Talent zu schönem Denken und zur Kunst auszeichnet. In der *Aesthetica* interessieren sie ihn also nicht als Gegenstände der erfahrungspsychologischen Untersuchung, sondern als Naturanlagen, die bei einzelnen Menschen in unterschiedlichem Maße entwickelt sind und dadurch den einen eher zum wissenschaftlich-diskursiven, den anderen eher zu einem ästhetisch-künstlerischen Denken prädestinieren. So bedarf der zum Künstlerischen veranlagte Mensch etwa einer kräftigen Phantasie (§ 31) und eines guten Gedächtnisses (§ 33); auch sollte er eine »dichterische Anlage« (§ 34) sowie eine »Veranlagung zum guten Geschmack, nicht dem allgemein verbreiteten, sondern dem verfeinerten« (§ 35), aufweisen. Für den, der eher zum wissenschaftlich-diskursiven Denken neigt, gilt dies nicht in gleicher Weise.

Freilich sind solche Naturanlagen, die die natürliche Begabung eines Menschen ausmachen, nichts definitiv Gegebenes, sondern können, ja müssen geübt und verbessert werden. Denn was die Fähigkeiten seiner Sinnesvermögen betrifft, vermag sich die jeweilige »natürliche Begabung« eines Menschen nach Baumgarten nicht einmal »für kurze Zeit [...] auf derselben Stufe zu halten. Wenn daher ihre Fähigkeiten und Fertigkeiten nicht durch fortwährende Übung gehoben werden, sinken sie [...] um einiges ab und erlahmen.« (§ 48) Darum sei insbesondere für einen ästhetisch begabten Menschen »der Wille, sich ästhetisch zu üben« (§ 47), wichtig, um auf diesem Wege zu einer bestmöglichen Kultivierung seiner sinnlichen Vermögen zu gelangen. Möglichkeiten und Wege dazu aufzuzeigen ist das eigentliche Ziel von Baumgartens *Aesthetica*, die er so besehen nicht nur aus theoretischen Erkenntnisinteressen, sondern in wichtigem, ja vielleicht entscheidendem Sinne auch aus einem praktischen Interesse an der Bildung der menschlichen Sinnlichkeit heraus schreibt. Im berühmten Paragraphen 14 der *Aesthetica* hat er dieses Ziel unter Verwendung eines im Lateinischen doppelsinnigen Ausdrucks als »perfectio cognitionis sensitivae« bezeichnet, so dass man das Ziel einer Ästhetik in Baumgartens Sinn in der deutschen Übersetzung sowohl als »Vollkommenheit der sinnlichen Erkenntnis«

als auch als »Vervollkommnung der sinnlichen Erkenntnis« wiedergeben kann. Baumgarten meint wohl beides. Es geht seiner *Aesthetica* darum zu zeigen, *dass* und *wie* die mehr oder minder ausgebildeten Anlagen der menschlichen Sinnesvermögen auf dem Wege der Vervollkommnung durch ästhetische Übung einer höchstmöglichen Vollkommenheit ihres Gebrauchs zugeführt werden können. Vollkommenheit der sinnlichen Erkenntnis aber, so heißt es im selben Paragraphen, sei »Schönheit«.

Dimensionen des Schönheitsbegriffs

Mit dieser Erklärung des Begriffs der Schönheit formuliert Baumgarten – jedenfalls im Lichte eines heute verbreiteten Verständnisses – zweifellos eine Seltsamkeit. Denn für ihn ist Schönheit nicht primär eine Qualität, die einer Sache zukommt, sondern etwas, das die Erkenntnis als solche auszeichnet. *Schönheit*, heißt dies, betrifft die Art und Weise, *wie* eine Sache in einer Erkenntnis vorgestellt oder gedacht wird. Sie wird dieser Erkenntnis zugesprochen, wenn es ihr gelingt, die Sache auf in sich stimmige, mittels kultivierter Sinneskräfte bestmögliche Weise sinnlich zu vergegenwärtigen. Eine in solcher Weise »vollkommene«, also in Baumgartens primärem Sinne »schöne« Erkenntnis kann sich natürlich nicht in abstrakten Begriffen niederschlagen, die ja – als Resultate von Abstraktion – wesentlich von der Merkmalsfülle einer sinnlich gewahrten Welt absehen müssen. Sie kommt vielmehr in Bildern oder wohlgeformter poetischer Rede, vor allem aber auch in Werken der Kunst zum Ausdruck, so dass sich – nicht zuletzt im Blick auf die Theorie der sinnlichen Beurteilung in der *Metaphysica* – in einem sekundären Sinne wohl auch behaupten lässt, die Vollkommenheit der ihnen zugrunde liegenden sinnlichen Erkenntnis schlage sich in solchen Ausdrucksgestalten als deren sinnlich zu gewahrende Vollkommenheit nieder. Diese, so könnte man sagen, werde in einem sekundären, ins Objektive gewendeten Sinne durch den Geschmack als Schönheit der jeweiligen Sache erfahren. Und in einem solchen Sinne hat sich der Schönheitsbegriff dann im 18. Jahrhundert auch durchgesetzt und zumindest bis Kant gehalten, wie z.B. eine Formulierung von Moses Mendelssohn (1729-1786), einem der einflussreichsten Philosophen der Zeit, zeigt, der in seiner Schrift *Ueber die Hauptgrundsätze der schönen Künste und Wissenschaften* von 1757 schreibt, das »Wesen der schönen Künste« bestehe »in einer *durch die Kunst vorgestellten sinnlichen Vollkommenheit*« (Mendelssohn 1986, 177). In Baumgartens *Aesthetica* dominiert jedoch der erstgenannte, subjektbezügliche Begriff von Schönheit, dem zufolge sich Schönheit wesentlich auf die Erkenntnis als solche bezieht. Denn es geht ihm darum, plausibel zu machen, dass man – statt in abstrakten Begriffen – in den Gestalten sinnlicher Vergegenwärtigung auch *denken* könne, dass es also ein in sich vollkommenes »schönes Denken« gebe, das er als eine Fertigkeit, ja eine Kunst versteht, zu der seine Ästhetik anleiten will.

In den Anfangsparagraphen der *Aesthetica* hat Baumgarten versucht, seinen – wie er meint – »universalen und allgemeingültigen Schönheitsbegriff« (§ 17), der von der Vollkommenheit der Erkenntnis sowie der auf diese zurückgehenden Produkte spricht, im Blick auf die Frage näher zu präzisieren, was solche Vollkommenheit ausmacht. Dabei wird deutlich, dass sie stets so etwas wie Harmonie, Ausgewogenheit, völlige Zusammenstimmung der Teile oder Momente meint, aus denen eine Erkenntnis sowie das Produkt, in dem sie sich manifestiert, jeweils bestehen. Denn die jeweilige Art und Weise der Zusammenstimmung ist entscheidend, weil die »Schönheit der sinnlichen Erkenntnis und die Feinheit der ästhetischen Gegenstände« für ihn immer »zusammengesetzte Vollkommenheiten« sind. Etwas Einfaches, das nicht zusammengesetzt ist, kann ja eigentlich weder vollkommen noch unvollkommen sein, denn was keine Teile hat, kann nicht anders sein, als es ist. Man wüsste also gar nicht zu sagen, was Vollkommenheit *oder* Unvollkommenheit im Blick auf Einfaches heißt. Deshalb kennen wir nach Baumgarten »keine einfache Vollkommenheit [...], die zur Erscheinung käme«. Vielmehr bestehe Schönheit als Vollkommenheit im Denken wie im Kunstwerk immer darin, dass die beteiligten Momente zur »größtmögliche[n] Harmonie der Erscheinung« (§ 24) gelangen.

Im Einzelnen lassen sich nach Baumgarten in formaler Hinsicht drei verschiedene Dimensionen der Zusammenstimmung unterscheiden, welche die in sich harmonische Stimmigkeit einer schönen Erkenntnis sowie ihres Produktes bedingen. »Die allgemeine Schönheit der sinnlichen Erkenntnis« erfordert nach Baumgarten erstens »die Übereinstimmung der Gedanken, soweit wir noch von deren Ordnung und deren Ausdrucksmitteln absehen, unter sich zur Einheit.« Mit dieser ersten formalen Bestimmung will er betonen, dass in einer vollkommen sinnlichen Erkenntnis die darin überdachten Sachen und Gedanken, *von sich aus* miteinander harmonieren müssen. Gemeint ist hier also, dass zu ihrer Vollkommenheit »Schönheit der Sachen und Gedanken« als solchen notwendig sei, »die von der Schönheit der Erkenntnis selbst«, welche auf die subjektive kompositorische Ordnung dieser Sachen und Gedanken sowie die Art und Weise, sie auszudrücken, zurückgeht, unterschieden werden müsse. »Hässliche Dinge können« ja durch die Art und Weise, wie sie geordnet oder ausgedrückt werden, unter Umständen auch »als solche schön gedacht werden« oder umgekehrt »schönere hässlich« (§ 18). Damit freilich im Vollsinn von Vollkommenheit der Erkenntnis gesprochen werden kann, müssen auch die Erkenntnisgegenstände allein als solche und von sich aus miteinander zur Einheit zusammenstimmen.

Zweitens, »da es keine Vollkommenheit ohne Ordnung gibt«, ist für Schönheit aber darüber hinaus natürlich auch »die Übereinstimmung der Ordnung, in der wir die schön gedachten Sachen überdenken, mit sich selbst und mit den Sachen« erforderlich, denn die »Schönheit« entspringt auf der subjektiven Seite des Denkens aus der »Ordnung und Disposition« (§ 19), die es den überdachten Sachen und Gedanken zuteil werden lässt.

Drittens schließlich kann man – da die schön gedachten Sachen stets in irgendeinem Medium zur Darstellung kommen müssen, oder wie Baumgarten sagt: »da wir das Bezeichnete nicht ohne Zeichen erfassen können« – auch noch »die Übereinstimmung der Zeichen (Ausdrucksmittel) unter sich und mit der Ordnung und den Sachen« als formales Charakteristikum von Schönheit anführen. Denn eine harmonische Zusammenstimmung der Ausdrucksmittel untereinander sowie mit der subjektiven Anordnung und der objektiven Passung der Sachen macht »die Schönheit des Ausdrucks« (§ 20) z.B. eines Kunstwerkes aus.

Über die genannten formalen Charakteristika von Schönheit hinaus kann man nach Baumgarten sagen, dass »die Vollkommenheit jeder Erkenntnis« in materialer Hinsicht aus »dem Reichtum, der Größe, der Wahrheit, der Klarheit und Gewissheit« sowie der »lebendigen Bewegtheit« dessen erwächst, was sie sinnlich von der Welt vergegenwärtigt. Auch hier gelte freilich, dass »diese Qualitäten in einer Vorstellung und unter sich harmonieren« müssen, »zum Beispiel der Reichtum und die Größe mit der Klarheit, die Wahrheit und Klarheit mit der Gewissheit« (§ 22) usw. Baumgarten hat diese inhaltliche Dimension einer vollkommenen Erkenntnis freilich nicht näher ausgeführt. Denn vor allem ist es ihm darum gegangen, die Erkenntnispotenziale eines schönen, formal in sich stimmigen Denkens herauszustellen.

Schönes, vernunftanaloges Denken und ästhetische Wahrheit

Dies unternimmt Baumgarten, indem er dem oben erwähnten rationalismuskritischen Impuls seines Nachdenkens folgend zu zeigen versucht, inwiefern schönes Denken Wirklichkeitsdimensionen in den Blick zu rücken vermag, die das rationale Erkennen in Begriffen, durch das wir Wissenschaft üblicherweise ausgezeichnet sehen, verfehlen muss. Denn »welcher Art«, fragt er, »ist jener Gegenstand, den der Mensch« im wissenschaftlichen Erkennen »mit so vollkommener Vernunft betrachtet?« Und die Antwort ist klar: Offenbar von der Art eines »Allgemeinbegriff[s], der aus den individuellen Erscheinungen« der Sinnesvermögen zwar »entspringt«, doch die »unbegrenzte Fülle bedeutender Einzelheiten« (§ 559), wenn man so will: die Welt in der Mannigfaltigkeit ihrer je individuellen Erscheinung, nicht erfassen kann. Gerade darum ist es schönem Denken freilich zu tun, das sich »innerhalb seines Horizontes an seinem unübersehbaren Reichtum, an dem Chaos« des sinnlich Gegebenen, ja überhaupt an dem »Stoff« der individuell erscheinenden Welt in seiner Fülle »freut« (§ 564). Daran interessiert, setzt die »ästhetische Denkart« entsprechend »dort« an, »wo die logische aufhört« (§ 569).

Obgleich sich diese Denkart nicht in theoretischen Aussagesystemen, sondern in Bildern, poetischer Rede oder anderen sinnlichen Gestalten des Begreifens der Welt niederschlägt, hat sie für Baumgarten – dies herauszuarbeiten, ist ihm wichtig – nichts Irrationales an sich, nur weil sie sich nicht in begriffsbasierten, logisch deutlichen Unterscheidungen des Verstandes vollzieht. Tatsächlich steht »schönes Denken«, wie er es versteht, zu dem, was Verstand und Vernunft an den Dingen der Welt zu erfassen vermögen, gar nicht im Widerspruch, sondern ist *vernunftanaloges* und insofern wesentlich vernunft*gemäßes* Begreifen der Welt »unterhalb der Schwelle streng logischer Unterscheidung«

(§ 17). Insofern stellt es keinen Gegensatz zum vernünftigen Denken in Begriffen dar, sondern verhält sich zu diesem gleichsam komplementär, weil es die Welt in ihrer sinnlich wahrnehmbaren Merkmalsfülle zu vergegenwärtigen versucht, von der begriffliches Denken zugunsten einer logisch deutlichen Unterscheidung weniger sachkonstitutiver Merkmale abstrahiert. Und es gelangt zu Resultaten, beispielsweise Kunstwerken, die der »Wahrheit, soweit sie sinnlich erkennbar ist« (§ 423), verpflichtet sind.

Die »geistige Haltung« des Strebens nach Wahrheit betrachtet Baumgarten »als unabdingbare Voraussetzung allen schönen Denkens« (§ 555). Wahrheit, soweit sie sinnlich erkennbar ist, bezeichnet Baumgarten als »ästhetische Wahrheit« und unterscheidet sie von der »metaphysischen Wahrheit der Objekte« sowie derjenigen des subjektiven Denkens in Begriffen, »welche man meist die logische nennt«. Die metaphysische Wahrheit der Dinge, die er auch die »objektive« nennt, besteht darin, dass die Objekte den ihnen zukommenden Bestimmungen nach – etwa in der Sicht Gottes – sind, was sie sind, und zwar unabhängig von ihrem Erkannt-Sein durch ein subjektives Bewusstsein, das sich, wie es in der *Metaphysica* hieß, mittels seiner Vorstellungskraft gemäß der Stellung seines Körpers in der Welt Vorstellungen von ihrer Verfassung bildet. Die logische Wahrheit ist demgegenüber »die Vorstellung des objektiv Wahren in einer bestimmten Seele« durch Begriffe, die man, sofern die objektive Wahrheit der Dinge in ihnen widerscheint, deshalb auch »die subjektive Wahrheit nennen« kann. Die ästhetische Wahrheit, die Baumgartens *Aesthetica* einführt, meint im Unterschied dazu die objektive Wahrheit der Dinge, wie sie als »Gegenstand des der Vernunft analogen Denkens und der untern Erkenntnisvermögen« (§ 424), also in subjektiver *sinnlicher* Vergegenwärtigung eines schönen Denkens erscheint.

Da sowohl logisch-begriffliches als auch schönes Denken beide die eine objektive Wahrheit der Dinge auf ihre Weise zur Darstellung zu bringen suchen, stehen diese Denkweisen natürlich nicht in einem Gegensatz zueinander. »Das Streben nach Wahrheit«, schreibt Baumgarten, »ist für den Ästhetiker tatsächlich so wichtig, dass er entschlossen ist, auch gegen die Wahrheit im strengen Sinne«, die begrifflich fassbare Wahrheit, »nicht ohne ästhetische Notwendigkeit zu verstoßen und auch nicht ohne diese Notwendigkeit das Falsche im weitesten Sinne in seine Überlegungen einzubeziehen.« (§ 472) »Aus diesem Grunde«, fügt er hinzu, »rechnen die guten Kunstrichter diejenigen Wahrheiten gewiss nicht unter die besonderen Schönheiten, die unnötigerweise und ohne ersichtliche Notwendigkeit der strengen unterschütterlichen Wahrheit der Geschichte, der Genealogie, Geographie, Chronologie und der übrigen Disziplinen widersprechen.« (§ 473) Doch in dem Maße, in dem z.B. in Kunstwerken Aspekte der Welt zur Erscheinung kommen, zu denen begriffliches Denken gar nicht gelangt, weil sie unterhalb der Schwelle dessen liegen, was ein Begriff logisch unterscheiden kann, stellen sie unersetzliche Verkörperungen der objektiven Wahrheit dar. Und allein weil dies so ist, dürfen Kunstwerke das Interesse der Philosophie beanspruchen. Denn nur als solche eigenständigen Darstellungen von ästhetischer Wahrheit sind sie mehr als Illustrationen von logischen Wahrheiten, mehr als Schmuck und Unterhaltung, als die man sie oft angesehen hatte, sind sie Gestalten von eigenem Erkenntniswert. Sie stellen Aspekte der Welt vor Augen, von denen der Mensch ohne die Kunst gar kein Bewusstsein hätte.

Ästhetische Lehre und Theorie der freien Künste

Zum schönen Denken und zur Kunst besitzen Menschen – diese Einsicht bildete den Ausgangspunkt der *Aesthetica* als Ganze – in unterschiedlichem Maße die sinnlichen Naturanlagen. Doch auch bei denjenigen, die natürliches Talent dazu haben, ist nach Baumgarten noch »ein ästhetischer Unterricht und eine ästhetische Lehre erforderlich«, um diese Naturanlagen zu jener Vollkommenheit zu entwickeln, zu der seine Ästhetik die Wege weisen will. Solcher ästhetischer Unterricht besteht nach Baumgartens Vorstellung in der Vermittlung von ästhetischer Theorie an die Begabten, die freilich auch »durch Übungen [...] in die Praxis herabgeholt werden« muss, »damit die künstlerische Fertigkeit nicht infolge von Unwissenheit und Ungewissheit über die Gegenstände des Denkens oder die Regeln und deren Verhältnis abschweife oder in willkürliches Denken gerate oder damit niemand von der Ausübung des schönen Denkens abgeschreckt werde, weil er glaubt, alle würden die Fehler, die er selbst nicht kennt, gewiss bemerken« (§ 62).

Zur ästhetischen Theorie, die es in der Lehre zu vermitteln gilt, gehört nach Baumgarten zweierlei: erstens »alle schöne Bildung«, wozu »die Wissenschaften« gehören, »die sich mit Gott, mit dem Universum, dem Menschen, vor allem soweit es um seine moralische Stellung geht, mit der Geschichte ohne Ausschluss der Sage, mit den Altertümern und dem Wesen der sprachlichen und künstlerischen Ausdrucksmittel beschäftigen« (§ 64). Natürlich verlangt er vom ästhetisch begabten Menschen nicht, »dass er ein Polyhistor oder dass er allwissend sei« (§ 67), wie man angesichts des respektgebietenden Umfangs dessen, was zur schönen Bildung gehört, vielleicht befürchten mag. Doch einer bestimmten Bildung bedarf er um des Niveaus der künstlerisch zu verarbeitenden Stoffe willen, damit sein Schaffen nicht zur virtuosen Bearbeitung inhaltlicher Seichtigkeit verkommt. Zweitens muss der ästhetische Unterricht in der ästhetischen Lehre nach Baumgarten aber auch »die Theorie vom Wesen der schönen Erkenntnis« als solche umfassen. Denn es reicht nicht aus, wenn der Künstler nur bewusst- und reflexionslos schafft; er muss auch um das Wesen der Schönheit wissen und sich auf die »ästhetische Kunstlehre« (§ 68) verstehen, soll sein Schaffen nicht in Naivität oder Dilettantismus versanden.

Erst hier, im Zusammenhang der Beschreibung der Bestandteile einer ästhetischen Lehre, wird Ästhetik für Baumgarten zu dem, für das sie heute zumeist gilt: zur Theorie der freien Künste, die er unter dem Namen einer ästhetischen Kunstlehre abhandelt. Nach seiner Darstellung hat sie all diejenigen Kunstregeln zu erörtern, die im übergreifenden Sinne für alle Künste gelten. Für besondere Künste, »z.B. des Redners, des Dichters, des Musikers u.a.«, seien gattungsspezifische Regeln »durch die rhetorische, die poetische und die musische Kunstlehre« (§ 69), wie man sie seit der Antike kannte, bereits erarbeitet worden. Eine allgemeine ästhetische Kunstlehre, die mit umfassender Geltung »Gesetze« formulierte, welche »gleichsam als Leitsterne [...] in allen freien Künsten« gelten, oder wie er auch sagt: »überall dort, wo es besser ist, etwas schön als unschön zu erkennen« (§ 71), gab es freilich zu Baumgartens Zeiten nicht. Er glaubte, sie im Sinne einer *normativen*, universal gültigen Kunstlehre herausarbeiten zu können.

Dass ein solches, aus heutiger Sicht kaum Erfolg versprechendes Projekt sogleich mit der Frage konfrontiert werden würde, wie man denn zu universal gültigen Kunstregeln überhaupt gelangen könne, war Baumgarten klar. Von exemplarischen Beispielen besonderer schöner Künste kann man sie ja nicht ableiten. Denn »Gesetze, die nur von dem einen oder andern Beispiel her abstrahiert sind und ohne weiter entfernten Grund als

Allgemeinbegriffe ausgegeben werden, was sind sie anderes als recht lückenhafte Schlussfolgerungen vom Einzelnen aufs Allgemeine? Wie oft versieht man sich, vorausgesetzt, dass sie nicht ganz falsch sind, im Umfang ihrer Geltung?« Es bedarf also »eines weiter entfernten Prinzips« (§ 73), aus dem solche universalen Kunstregeln abgeleitet werden können, und Baumgarten meinte, es im Begriff der ästhetischen Wahrheit gefunden zu haben. Denn sofern sämtliche Künste ästhetische Wahrheit zu respektieren haben, muss ihnen alles verboten sein, was ihre Werke auf sinnlich wahrnehmbare Weise *unwahr* macht; eine Weise, die sich gewahren lässt, ohne dass man eine komplexe Theorie über die absolute oder hypothetische Möglichkeit der im Kunstwerk gezeigten Sache benötigte. Beispielsweise sprechen sichtbare Widersprüche in der Handlung eines Dramas für die Unwahrheit der dargestellten Sache: Eine Person, die im zweiten Akt gehenkt wurde, kann im fünften nicht wieder über die Bühne laufen. Die ästhetische Unwahrheit eines solchen Handlungsverlaufs liegt gewissermaßen handgreiflich vor Augen, ohne dass dies durch subtile begriffliche Erörterungen der Möglichkeit oder Unmöglichkeit eines solchen Geschehens zu begründen wäre. Wenn man darum sagen kann, die »ästhetische Wahrheit« erfordere »die absolute und die hypothetische Möglichkeit ihrer Gegenstände, soweit sie sinnlich erfaßt wird«, lassen sich daraus Normen für die Künste ableiten, z.B. dass in ihnen allen die »Einheit der Gegenstände«, »die Einheit der Handlung«, »falls der Gegenstand des schönen Denkens eine Handlung ist«, »die Einheiten des Ortes und der Zeit« (§ 439) usw. zu wahren seien.

Freilich darf im Zusammenhang dieser Einführung auf weitere Beispiele für Baumgartens Versuch, die Gesetze einer universalen, normativen Kunstlehre abzuleiten, wohl verzichtet werden: nicht nur, weil die Entwicklung der freien Künste in allen Gattungen seit der Mitte des 18. Jahrhunderts jedem Versuch, sie normativ in Grenzen zu weisen, gespottet hat; vielmehr auch deshalb, weil sich in der Entwicklung der Ästhetik selbst bald gezeigt hat, dass das, was nach Ansicht der meisten zur damaligen Zeit den eigentlichen Reiz der Kunst ausmacht, nämlich ihre Schönheit, weder durch ihre Übereinstimmung mit Kunstregeln beliebiger Art noch durch irgendwelche objektiven Eigenschaften der Gegenstände erklärt werden kann.

3. Kants Theorie der ästhetischen Urteilskraft

Gezeigt wurde dies auf epochemachende Weise von Immanuel Kant (1724-1804) in seiner *Kritik der Urteilskraft* des Jahres 1790, in der er der Theoriebildung in aestheticis eine neue Richtung gab. In diesem Werk trat Kant der seit Baumgarten flutartig sich verbreitenden Vorstellung, dass es eine »Wissenschaft des Schönen«, gar eine »schöne Wissenschaft« (304) als Produkt eines schönen Denkens geben könne, nachdrücklich entgegen, indem er zeigte, inwiefern es unmöglich sei, Urteile über das Schöne auf die beiden genannten Weisen regelästhetisch oder ontologisch zu begründen. Insbesondere wies er den »von namhaften Philosophen« wie Mendelssohn im Anschluss an Baumgarten lancierten Gedanken zurück, dass »Vollkommenheit«, wenn auch »mit dem Beisatze, *wenn sie verworren gedacht wird*, für einerlei mit Schönheit gehalten« (227) werden könne. Denn die Erläuterung von Schönheit als verworren gewahrter Vollkommenheit verkenne eine wichtige Eigentümlichkeit ästhetischer Urteile über die Schönheit von Dingen. Wenn der Begriff der Vollkommenheit nicht völlig gehaltsleer sein soll, muss er ja so etwas wie »eine objective innere Zweckmäßigkeit« eines Dinges *für etwas* meinen. Um sich Vollkommenheit als »objective Zweckmäßigkeit an einem Dinge vorzustellen«, müsse also »der Begriff von diesem, *was es für ein Ding sein solle*«, der Beurteilung »voran gehen« (ebd.). Sonst wisse man ja gar nicht, im Blick *auf was* von Vollkommenheit die Rede sein soll. Genau dies sei aber bei ästhetischen Beurteilungen gar nicht der Fall, weil sie noch vor aller begrifflichen Beurteilung der Dinge erfolgten. In der »Analytik des Schönen« seiner *Kritik der Urteilskraft* versucht Kant, dies mittels einer Analyse der Logik der ästhetischen Beurteilung nachzuweisen. Dabei entfaltet er eine – wie man es heutzutage nennt – Theorie der ästhetischen Erfahrung, die das Urteil, bestimmte Natur- oder Kunstgegenstände seien »schön«, nicht auf objektive Qualitäten der Dinge zurückführt, sondern auf Strukturmerkmale solcher Erfahrung selbst.

Fragestellung und Ausgangspunkt der dritten Kritik

Freilich waren Fragen, die wir heute der Ästhetik und Kunstphilosophie zurechnen, für Kant wohl niemals Selbstzweck. Im Gegenteil; man darf vermuten, dass er beide Theoriefelder für einigermaßen unbedeutend gehalten hat, bevor er durch die Fragestellung seiner dritten Kritik in entsprechende Überlegungen hineingedrängt wurde. Die dritte Kritik, mit der er sein »ganzes kritisches Geschäft« (170) zum Abschluss bringt, fragt nämlich nicht nach dem Schönen und der Kunst als solchen, sondern danach, ob »die Urtheilskraft, die in der Ordnung unserer Erkenntnisvermögen zwischem dem Verstande und der Vernunft ein Mittelglied ausmacht, auch für sich Principien a priori habe« (168). Urteilskraft, nach deren leitenden Prinzipien hier gefragt wird, ist die menschliche Kraft, wirklich zu urteilen, also im Angesicht der mannigfaltigen Erscheinungen der Natur tatsächlich zu Aussagen über ihre faktische Verfassung zu gelangen. Kant definiert sie im Allgemeinen als das »Vermögen, das Besondere als enthalten unter dem Allgemeinen zu denken« (179). Denn tatsächlich heißt ja *urteilen* nichts anderes, als die Gegebenheiten unserer Erfahrung unter allgemeine Begriffe zu bringen, was wir dann mittels Urteilen der Form »Dies ist ein X« bzw.

»X (z.B. die Rose) ist rot« ausdrücken. »Ist das Allgemeine (die Regel, das Princip, das Gesetz« oder irgendein bestimmter Begriff) dabei bereits »gegeben, so ist die Urtheilskraft, welche das Besondere darunter subsumirt«, nach Kant »*bestimmend*. Ist aber nur das Besondere gegeben, wozu sie das Allgemeine finden soll, so ist die Urtheilskraft [...] *reflectirend*.« (Ebd.) In dieser zweiten Form, als *reflektierende Urteilskraft*, ist sie das eigentliche Orientierungsvermögen des Menschen, seine kreative Fähigkeit zur Findung und Bildung von allgemeinen Begriffen und Urteilen, die ihm angesichts einer Mannigfaltigkeit von besonderen Gegebenheiten im Kontext der Erfahrung zur Orientierung verhelfen. Ob sie dabei im Zuge ihrer Reflexion nach einem apriori (d.h. vor aller Erfahrung rein aus Vernunftgründen) gültigen Prinzip verfährt oder nicht, ist die zentrale Frage, die Kants dritte Kritik erörtert.

Dass es leitende, vernunftbegründete Prinzipien für den Gebrauch der Erkenntnisvermögen »Verstand« und »Vernunft« gebe, hatte Kant in seinen ersten beiden Kritiken einsichtig zu machen gesucht. In der ersten – der *Kritik der reinen Vernunft* (1781) – hatte er die so genannten »Kategorien des reinen Verstandes« als a priori gültige Prinzipien allen Verstandesgebrauchs auszuweisen gesucht, indem er von diesen reinen Verstandesbegriffen – Substanz und Akzidens, Ursache und Wirkung etc. – zeigte, dass ihr Gebrauch zur Verknüpfung gegebener Wahrnehmungen das, was wir »Erfahrung« nennen, allein möglich mache, weshalb sie eben nicht der Erfahrung entsprungen, sondern vielmehr als deren Ermöglichungsbedingungen jeder möglichen Erfahrung vorgängig seien. In der zweiten Kritik – der *Kritik der praktischen Vernunft* (1788) – hatte er den kategorischen Imperativ als das leitende Prinzip einer vernünftigen praktischen Selbstbestimmung des Menschen herausgestellt. Doch existiert ein solches allgemeines Prinzip auch für die Verfahrensweisen der menschlichen Urteilskraft, oder verfährt sie im Zuge ihrer Reflexionen bloß willkürlich bzw. nach nur subjektiven Prinzipien, die dem besonderen Erfahrungsschatz einer Person entspringen?

Kants Antwort auf diese Frage, die er in seiner dritten Kritik zu begründen versucht, besteht darin, dass selbstverständlich auch die Reflexionen der menschlichen Urteilskraft – ebenso wie schon Verstand und Vernunft – von einem allgemeinen, apriori gültigen Prinzip geleitet seien. Es besteht in dem Gedanken, dass die Natur in aller reflektierenden Beurteilung als ein mit den Begriffen unseres Verstandes prinzipiell erfassbarer und für die Realisierung unserer vernünftigen Handlungszwecke auch grundsätzlich tauglicher Erscheinungszusammenhang vorauszusetzen sei. Kürzer und mit Kant ausgedrückt: Das leitende Prinzip der reflektierenden Urteilskraft ist der Gedanke einer »Zweckmäßigkeit der Natur in ihrer Mannigfaltigkeit« (180) für die Formen des menschlichen Denkens und die Zwecke eines vernunftgeleiteten Handelns. Die Urteilskraft setzt es stets dann voraus, wenn sie vor allem wirklichen Urteilen auf die Zweckmäßigkeit der gegebenen Welt für ihre Denk- und Handlungsformen vertraut.

Das ist natürlich eine Voraussetzung, die sich in wirklichen Einzelfällen des Urteilens keineswegs zu bestätigen braucht. Im Gegenteil; im Zuge unserer Weltorientierung erleben wir es nur zu oft, dass unsere begrifflichen Orientierungsversuche in theoretischer oder praktischer Absicht scheitern. Und daran erkennt man wohl am deutlichsten, dass eine Sicht der Natur, in der diese *über alle wirkliche Erfahrung* hinaus als zweckmäßig für den Menschen vorgestellt wird, gleichsam »als ob gleichfalls ein Verstand (wenn gleich nicht der unsrige) sie zum Behuf unserer Erkenntnisvermögen [...] gegeben hätte«, etwas ist, das die Urteilskraft »nicht von der Erfahrung entlehnen« (ebd.) kann. Selbst wenn der reflektierenden Urteilskraft in der Mannigfaltigkeit erscheinender Natur orientierende Begriffs- und Urteilsbildung bisher immer gelungen wäre, lässt sich, wie Kant sagt, ja sehr »wohl denken«, dass »die specifische Verschiedenheit der empirischen Gesetze der Natur [...] so groß sein könnte, dass es für unseren Verstand« zu irgendeiner Zeit oder auf irgendeinem Gebiet doch »unmöglich wäre, in ihr eine fassliche Ordnung zu entdecken« (185), weshalb jede weitere Nachforschung dann zum Scheitern verurteilt wäre. Und selbstverständlich können wir auch im Zusammenhang unserer praktischen Selbstbestimmung nicht sicher sein, dass uns eine Realisierung unserer Zwecke in der Welt stets gelingen wird. Trotzdem setzen wir sowohl im Theoretischen als auch im Praktischen als Prinzip unserer Orientierung die prinzipielle Zweckmäßigkeit der Natur für unser Denken und Handeln voraus. Es dient uns als a priori an die Natur herangetragener »Leitfaden« (ebd.) allen Denkens und Handelns.

Die Analyse des Geschmacksurteils

Was hat dieses Prinzip der Urteilskraft nun aber mit Fragen des Schönen und des ästhetischen Urteilens zu tun, die Kant im ersten Teil der *Kritik der Urteilskraft* behandelt? Weshalb kommt er im Zuge einer Analyse der Urteilskraft auf solche Fragen zu sprechen? Im thesenhaften Vorgriff auf seine Analyse lautet die Antwort: Deshalb, weil »ästhetische Urteile« der Form »Der Gegenstand X ist schön« die Rechtmäßigkeit der Voraussetzung dieses Prinzips auf besondere Weise zu bestätigen scheinen. Denn im Grunde tun sie nichts anderes, als die Bezogenheit des urteilenden Subjekts auf eine sich vor aller begrifflichen Beurteilung, rein auf anschaulicher Ebene tatsächlich als *zweckmäßig* zeigende Natur zu konstatieren: eine Natur, die der Urteilende eben wegen solcher sich zeigender Zweckmäßigkeit für sein vorbegriffliches Anschauen als »schön« erlebt. Wie Kant sich nachzuweisen bemüht, werden solche ästhetischen Urteile *aufgrund* eines Lustgefühls gebildet, das sich im Urteilenden einstellt, wenn der Gegenstand *für die Reflexion* eine »Form« zeigt, »wodurch« er »für unsere Urtheilskraft gleichsam vorherbestimmt zu sein scheint« (245). Wird die Zweckmäßigkeitsvoraussetzung der Urteilskraft in irgendeiner wirklichen, über die sich zeigende Natur reflektierenden Beurteilung bestätigt, ist dies nach Kant nämlich sehr oft »der Grund einer sehr merklichen Lust« (187), die wir daran erleben; »gleich als ob es ein glücklicher unsre Absicht begünstigender Zufall wäre«, sind wir dann »erfreuet (eigentlich eines Bedürfnisses entledigt)« (184), wenn uns denkend und handelnd Orientierung in der Natur tatsächlich gelingt. Im Angesicht dessen, was wir als »schön« erleben, ist dies sogar immer der Fall.

Die intrinsische Verbindung der Urteilskraft mit Gefühlen der Lust bei Bestätigung – oder der Unlust bei Enttäuschung – ihrer Zweckmäßigkeitsvoraussetzung ist vielleicht Kants entscheidende Entdeckung in der *Kritik der Urteilskraft*, und am Beispiel so genannter »ästhetischer Urteile« (die so heißen, weil die reflektierende Urteilskraft hier dem Urteilenden selbst mit Lust oder Unlust sinnlich-subjektiv empfindbar wird, nicht, weil es sich um Urteile *über* Ästhetisches [Schönes, Kunstförmiges etc.] handelte!) sucht er sie exemplarisch herauszuarbeiten (vgl. Wieland 2001, 46 ff.). Wie er im Einzelnen ausführt, fälle man ein ästhetisches Urteil, etwas sei »schön«, nämlich genau dann, wenn bereits »mit der bloßen Auffassung (apprehensio) der Form eines Gegenstandes der Anschauung ohne Beziehung derselben auf einen Begriff zu einem bestimmten Erkenntnis Lust verbunden« (189) sei. Das Vermögen zur Auffassung der in der Erfahrung sich zeigenden Gegenstandsformen in ein subjektives Vorstellungsbild des Urteilenden ist nach Kant die menschliche Einbildungskraft. Schon in der ersten Auflage der *Kritik der reinen Vernunft* hatte es von ihr geheißen, sie sei »ein notwendiges Ingredienz der Wahrnehmung selbst«, wenn es gelte, »das Mannigfaltige der Anschauung in ein *Bild* zu bringen« (A 120), das sich jemand in einer wirklichen Erfahrung von den ihn umgebenden Erfahrungsgegenständen macht. Wie Kant auch in der *Kritik der Urteilskraft* noch sagt, ist sie in der menschlichen Erfahrung »für die Zusammensetzung des Mannigfaltigen der Anschauung« in das jeweilige subjektive Bild verantwortlich; eine Zusammensetzung, die sie nach Maßgabe des Verstandes zu vollziehen versucht, der »für die Einheit des Begriffs« (217) aufkommt, die der jeweiligen Art und Weise der Zusammensetzung als Regel dient. Wenn die Zusammensetzung des Mannigfaltigen der Anschauung durch die Einbildungskraft nun freilich so geschieht, dass die je aufgefasste Gegenstandsform in einer Vorstellung bereits *vor* aller Bestimmung durch bestimmte Begriffe als zweckmäßig für den Verstand, also für das Begriffen-Werden durch die Formen des begrifflichen Erkenntnisvermögens überhaupt erscheint, wird dies von der Urteilskraft des Subjekts mit Lust bemerkt. »Denn jene Auffassung der Formen in die Einbildungskraft kann«, wie Kant meinte, »niemals geschehen, ohne dass die reflectirende Urtheilskraft, auch unabsichtlich, sie wenigstens mit ihrem Vermögen, Anschauungen auf Begriffe zu beziehen, vergliche.« (190) Sie bemerkt dann, noch während sie allem Urteil vorgängig über den Gegenstand reflektiert, mit Lust, *dass* die Einbildungskraft anlässlich einer einzelnen Gegenstandswahrnehmung »unabsichtlich in Einstimmung« mit dem Verstand »versetzt« (ebd.) worden ist: in eine (Über-)Einstimmung, die Kant im Allgemeinen auch als eine »proportionirte Stimmung« (219) oder als eine »Harmonie« von Einbildungskraft und Verstand im »Zustand« ihres »freien«, d.h. noch nicht durch besondere Begriffe auf bestimmte Formen eingeschränkten »Spiels« (217) qualifiziert. Und wo eine solche zweckmäßige, obzwar freie Zusammenstimmung von Einbildungskraft und Verstand der Urteilskraft mit Lust kenntlich wird, wird der »Gegenstand«, in dessen Angesicht sie sich einstellt, nach Kant »alsdann« als »schön« (190) bezeichnet.

Die Erfahrung eines Gegenstandes, den wir in diesem Sinne »schön« nennen, erweist sich so in kantischer Perspektive als eine lustvoll gewahrte Erfahrung seiner anschaulich-formalen, noch ganz vorbegrifflichen Zweckmäßigkeit für Erkenntnis überhaupt. Und deshalb fühlen wir uns nach Kant durch diese Erfahrung – wie man es nennen könnte – seiner Begriffs- oder Verstandesaffinität »in Beziehung auf das Erkenntnis überhaupt zweckmäßig gestimmt« (249), anders ausgedrückt: finden uns durch die als schön gewahrte Natur im Vertrauen bestärkt, sie auch in Begriffen auslegen zu können. Obzwar in der vorbegrifflichen Zweckmäßigkeit eines schönen Gegenstandes insofern seine Begriffsaffinität hervorzuleuchten scheint, ist ein ästhetisches Urteil der Form »X ist schön« freilich gleichwohl kein Erkenntnisurteil, wie diese Ausdrucksweise in ihrer oberflächengrammatischen Ähnlichkeit mit Erkenntnis- bzw. Erfahrungsurteilen wie »X ist schwer« suggeriert. Denn wie Kant in der *Kritik der Urteilskraft* deutlich macht, muss bewusst bleiben, dass derjenige, der es bildet, damit gar nicht über eine Eigenschaft des Gegenstandes, sondern bloß über eine im Zuge der Reflexion über dessen Wahrnehmung sich einstellende Befindlichkeit des urteilenden Subjekts selbst redet. Tatsächlich gestattet es die anlässlich einer Gegenstandswahrnehmung ins Spiel gesetzte Harmonie von Einbildungskraft und Verstand ja gar nicht, auf eine objektive Zweckmäßigkeit – und insofern auf so etwas wie die »objektive Schönheit« – des beurteilten Gegenstandes an und für sich rückzuschließen. Vielmehr lässt sich bestenfalls behaupten, dass seine durch die Einbildungskraft in einer Vorstellung je präsentierte Form in der beurteilenden Reflexion als subjektiv zweckmäßig für die Verstandesformen des Subjekts erscheine. Deshalb lässt sich in kantischer Perspektive gar nicht sagen, was das Schöne objektiv sei. Vielmehr kann man im Rahmen einer transzendentalphilosophischen Erörterung der Logik des ästhetischen Urteilens nur noch herausarbeiten, welche formalen Strukturen die Logik solcher Urteile kennzeichnen.

Das Vermögen zur Bildung von ästhetischen Urteilen ist für Kant wie für Baumgarten der »Geschmack«, der von ihm – weil er sein Urteil allein an dem in einer gegebenen Vorstellung vorliegenden internen Verhältnis der bei allen Menschen als gleichartig vorausgesetzten Erkenntnisvermögen zueinander orientiert – als »aller Zeiten und Völker« (231 f.) einhelliger Sinn für Schönheit angesehen wird. An der Art und Weise seiner Urteilsbildung lassen sich nach Kant vier konstitutive Momente unterscheiden.

Erstens wird durch den Geschmack als schön beurteilt, was als der Gegenstand eines interesselosen Wohlgefallens betrachtet wird. Ein Urteil »*ohne alles Interesse*« (211) zu fällen meint, dass sich das Wohlgefallen gar nicht am Dasein des beurteilten Gegenstandes interessiert zeigt, wie es bei Urteilen über das Angenehme oder das Gute der Fall ist. Wer den Geschmack einer Speise als angenehm beurteilt oder wem eine Handlung aufgrund ihrer relativen Nützlichkeit oder unbedingten Gebotenheit gefällt, dem gefällt nach Kant die Existenz der jeweiligen Sache. Dagegen ist das Geschmacksurteil über das Schöne nach Kants Auffassung rein »*contemplativ*«, d.h. »indifferent in Ansehung des Daseins eines Gegenstandes« (209), weil es bloß im Blick darauf urteilt, ob die Form einer Vorstellung – sie mag (wie im Normalfall) tatsächlich durch das Dasein eines Gegenstandes veranlasst oder bloß imaginiert sein – als zweckmäßig für den Verstand erscheint. Deshalb sei »*Geschmack* [...] das Beurtheilungsvermögen eines Gegenstandes oder einer Vorstellungsart durch ein Wohlgefallen oder Missfallen *ohne alles Interesse*. Der Gegenstand eines solchen Wohlgefallens heißt *schön*.« (211)

Mit der Interesselosigkeit des ästhetischen Urteils, das Kant auch als ein reines Geschmacksurteil bezeichnet, hängt ein zweites wichtiges Moment zusammen, welches er in der definitorischen Formulierung zusammenfasst: »Das Schöne ist das, was ohne Begriff als Object eines *allgemeinen* Wohlgefallens vorgestellt wird.« (Ebd.) Danach artikulieren ästhetische Urteile einen eigentümlichen, nicht auf Begriffe rückführbaren Allgemeinheitsanspruch, den Kant dadurch begründet, dass ein solches Urteil nicht auf irgendwelche »Privatbedingungen«, d.h. nicht auf irgendwelche individuellen Präferenzen des Urteilenden »als Gründe des Wohlgefallens« (ebd.) rekurriere, sondern sich kriterial allein an der strukturell bei *jedermann* als gleichartig vorauszusetzenden Übereinstimmung (oder Nicht-Übereinstimmung) von Einbildungskraft und Verstand angesichts einer gegebenen Vorstellung orientiere. Deshalb kann man nach Kant sagen, dass ein »Geschmacksurtheil (über das Schöne) das Wohlgefallen an einem Gegenstande jedermann« zur Beistimmung »ansinne« (214), auch wenn niemand durch Rekurs auf begrifflich geltend zu machende Gründe von der Notwendigkeit der Zustimmung überzeugt werden kann. Gleichwohl muss man vom Schönen ferner behaupten – und in Kants Darstellung ist dies das vierte konstitutive Moment eines jeden Geschmacksurteils –, dass es durchaus »eine nothwendige Beziehung auf das Wohlgefallen habe« (236). Denn wenn sich dieses Urteil wirklich nur an jenem besagten nicht-privaten Kriterium ausrichtet, impliziert es auch »eine Nothwendigkeit der Beistimmung aller« (237), die aber, wie sich gezeigt hat, nicht durch Gründe eingefordert werden kann.

Schließlich – und dies ist in Kants Darstellung eigentlich das dritte Moment seiner Exposition – wird als »Schönheit« die »Form der *Zweckmäßigkeit* eines Gegenstandes« beurteilt, »sofern sie *ohne Vorstellung eines Zwecks* an ihm wahrgenommen wird« (236). Weil sich diese Form der Zweckmäßigkeit eines Gegenstandes für die ästhetische Urteilskraft durch die lustvoll erlebte Verstandesaffinität seiner Auffassungsform allein zeigt, die niemals begrifflich zu erklären ist, kann man mit der Paradoxie verdächtigen Ausdrucksweisen sagen, dass im Schönen so etwas wie »Zweckmäßigkeit ohne Zweck«, oder wie man vielleicht auch sagen könnte: »Begrifflichkeit ohne Begriff« erfahren werde.

Vorrang der Natur- vor der Kunstschönheit

Im dargestellten Sinne werden nach Kant sowohl Gegenstände der Natur als auch der Kunst als schön beurteilt. In der *Kritik der Urteilskraft* genießt freilich die Natur- vor der Kunstschönheit einen systematischen Vorrang, weil sie sich hinsichtlich der Grundfrage dieses Werkes nach dem transzendentalen Prinzip der Urteilskraft philosophisch ergiebig ausdeuten lässt. Dieses Prinzip besagte ja, dass die menschliche Kraft, wirklich zu urteilen, nicht gänzlich regellos verfahre, sondern sich an dem für sie maßgebenden Gedanken orientiere, dem zufolge die Natur – über alle faktische Erfahrung hinaus – als ein für das Denken und Handeln zweckmäßiger Zusammenhang vorauszusetzen sei. In diesem Gedanken scheint gerade das Naturschöne den Menschen nun zu bestärken, weil es ihm in exemplarischer Weise eine dieser Voraussetzung gemäße, d.h. eine seiner begrifflichen »Fassungskraft« (185) sowie seinen praktischen Zwecken entsprechende, oder wie man es auch nennen könnte: eine erkenntnis- und »moralitätsaffine« (vgl. Majetschak 2004, 217) bzw. »handlungskorresponsive« (vgl. Recki 2001, 79) Natur vor Augen zu stellen scheint; eine Natur, in der er hoffen darf, sich begrifflich orientieren und seinen moralischen Zwecken gemäß handeln zu können. Weil man die schön erscheinende Natur auf solche Weise ausdeuten kann, schreibt Kant jeder kultivierten Persönlichkeit ein »*unmittelbares Interesse* an der Schönheit der Natur« (298) zu, muss sie doch aus Vernunftgründen daran interessiert sein, »dass die Natur wenigstens eine Spur zeige, oder einen Wink gebe, sie enthalte in sich irgend einen Grund, eine gesetzmäßige Übereinstimmung ihrer Produkte« (300) mit den Formen des Denkens und Wollens des Menschen annehmen zu dürfen. Und als eine solche Spur lässt sich das Naturschöne philosophisch ausdeuten.

Eine solche philosophische Deutung des Naturschönen ist möglich, weil ästhetische Urteile über die Schönheit von Gegenständen zwar nichts – wie nochmals betont werden muss – über deren objektive Verfassung aussagen, mit ihrer Bildung aber gleichwohl eine Eigentümlichkeit verbunden ist, auf die Kant mehrfach aufmerksam macht: Wenn solche Urteile im Anblick so genannter *Natur*schönheiten gebildet werden, erscheint ihre ontologische Ausdeutung im Blick auf die objektiven Qualitäten des sich Zeigenden doch nahezu unvermeidlich. Denn in Ansehung des »Schönen der Natur müssen wir« ja – wie Kant sich ausdrückt – »einen Grund« der jeweiligen Schönheitserfahrung »außer uns suchen« (246) und letztlich doch behaupten, die gewahrte »Zweckmäßigkeit« der je anschaulich gegebenen Gegenstandsform habe »im Objecte und seiner Gestalt« selbst »ihren Grund« (279). Die »Lust [...] im Geschmacksurtheile« ist ja »von einer empirischen Vorstellung abhängig«, will heißen: »man kann a priori nicht bestimmen, welcher Gegenstand dem Geschmacke gemäß sein werde, oder nicht, man muss ihn versuchen« (191). Deshalb ist die Einbildungskraft »bei der Auffassung« desjenigen »Gegenstandes der Sinne«, den wir in der Natur als schön beurteilen, »an eine bestimmte Form dieses Objects gebunden« und hat insofern »kein« gänzlich »freies Spiel«. Und doch gibt ihr »der Gegenstand« – überraschenderweise – »gerade eine solche Form an die Hand [...], die eine Zusammensetzung des Mannigfaltigen enthält, wie sie die Einbildungskraft, wenn sie sich selbst frei überlassen wäre, in Einstimmung mit der *Verstandesgesetzmäßigkeit* überhaupt entwerfen würde« (240f.). Insofern scheint sich der schöne Naturgegenstand geradezu von sich aus für die Fassungskraft des Menschen als günstig zu erweisen; – was wir mit ästhetischer Lust erleben und was die interessierte Reflexion als eine »Spur« bzw. als einen »Wink« hinsichtlich einer prinzipiellen Subjektaffinität der Natur interpretieren kann.

Kant hat gesehen, dass eine solche Folgerung philosophisch durchaus naheliegt, weshalb er schreibt, dass uns die »selbstständige Naturschönheit [...] eine Technik der Natur« nach dem »Princip« ihrer »Zweckmäßigkeit respectiv auf den Gebrauch der Urtheilskraft« gleichsam »entdeckt« und dadurch »zwar nicht unsere Erkenntnis der Naturobjecte, aber doch« immerhin unseren philosophischen »Begriff von der Natur« erweitere. Denn die je und je zu machende Erfahrung ihrer Schönheit motiviert uns, sie überhaupt »als Kunst«, d.h. als ein für unsere Fassungskraft zweckmäßig organisiertes Ganzes zu denken, »welches« – wie Kant meinte – »zu tiefen Untersuchungen über die Möglichkeit einer solchen Form einladet« (246). Solche Untersuchungen müssten natürlich in metaphysische Theorien über die (z.B. göttlichen) Ursachen einer objektiven Zweckmäßigkeit der Natur für den Geschmack einmünden, die Kant als unbeweisbar angesehen hat. Obgleich ihm bewusst war, dass insbesondere »die schönen Bildungen im Reiche der organisierten Natur« wie Blumen, Blüten und manche Tiere einem »Realism[us] der ästhetischen Zweckmäßigkeit [...] gar sehr das Wort« (347) redeten, hat er deshalb gleichwohl für einen Idealismus der Zweckmäßigkeit optiert, dem zufolge wir anhand des Leitfadens der Zweckmäßigkeit über die Natur bloß reflektieren. Denn »in der Beurtheilung der Schönheit überhaupt« hätten wir »das Richtmaß derselben« – die harmonische Übereinstimmung von Einbildungskraft und Verstand angesichts einer gegebenen Vorstellung –, »a priori« bloß »in uns selbst [zu] suchen« (350). Wir tragen es in ästhetischen Beurteilungen normativ an die Natur heran, und so muss eine jede sich unserem ästhetischen Richtmaß faktisch fügende Naturerfahrung allemal als kontingent erscheinen. Denn dass die »Eigenschaft der Natur, dass sie für uns Gelegenheit enthält, die innere Zweckmäßigkeit in dem Verhältnisse unserer Gemüthskräfte in Beurtheilung gewisser Producte [...] wahrzunehmen«, an und für sich ein objektiver »Naturzweck« (ebd.) sei, lässt sich eben nicht definitiv beweisen.

Kunst und Genie

Der »Vorzug der Naturschönheit vor der Kunstschönheit« (299) gründet in Kants Sicht also darauf, dass Erstere – wenn man sie philosophisch im obigen Sinne deutet – den Menschen im Vertrauen auf eine grundsätzlich für ihn zweckmäßige, d.h. menschengemäße Natur im Ganzen zu bestärken scheint. Werke der Kunst dagegen sind »Hervorbringungen durch Freiheit« und gehen auf ein intentionales Handeln eines Künstlers zurück, der sich bei seinem Werk »einen Zweck gedacht« hat, »dem dieses seine Form zu danken hat« (303). Deshalb ist es nicht überraschend, wenn sie menschengemäß erscheinen, und darum lassen sich Kunstwerke auch nicht in gleicher Weise philosophisch ausdeuten.

Nun ist natürlich nicht jede Kunst auch eine »schöne« im heutigen, emphatischen Sinne einer freien Kunst. »Wenn die

Kunst, dem *Erkenntnisse* eines möglichen Gegenstandes angemessen, bloß ihn wirklich zu machen die dazu erforderlichen Handlungen verrichtet« – wie z.B. im Falle einer Handwerkskunst –, »so ist sie *mechanische*; hat sie aber das Gefühl der Lust zur unmittelbaren Absicht, so heißt sie *ästhetische* Kunst.« (305) Was ihre Schönheit – über die Tatsache hinaus, dass sie die Erkenntnisvermögen des sie rezipierenden Subjekts in ein harmonisches Zusammenspiel zu setzen vermag – ausmacht, hat Kant in Abgrenzung von der Naturschönheit zu charakterisieren versucht. »Die Natur«, schreibt er, »war schön, wenn sie zugleich als Kunst aussah«, so auf den Betrachter wirkte, *als ob* ihr eine intentionale Technik zugrunde gelegen habe. Die »Kunst kann« demgegenüber »nur schön genannt werden, wenn wir uns bewusst sind, sie sei Kunst, und sie uns doch als Natur aussieht« (306). Will heißen: »An einem Producte der schönen Kunst muss man sich bewusst werden, dass es Kunst sei und nicht Natur; aber doch muss die Zweckmäßigkeit in der Form desselben von allem Zwange willkürlicher Regeln so frei scheinen, als ob es ein Product der Natur sei.« (Ebd.) Das wiederum heißt: Die Absicht des Künstlers ebenso wie die Regeln, die natürlich auch er stets befolgt (vgl. 310), wenn er ein Sonett schreibt oder eine Fuge komponiert, müssen im Kunstwerk gleichsam getilgt erscheinen, soll sein Werk wirklich als schön gelten können. Denn wo solche platt durchscheinen – derart, dass man die Intention und die Konstitutionsregeln des Werkes auf den Begriff bringen kann –, wird man von Schönheit nicht reden. »Als Natur [...] erscheint ein Product der Kunst« insofern »dadurch, dass zwar alle *Pünktlichkeit* in der Übereinkunft mit Regeln, nach denen allein das Product das werden kann, was es sein soll, angetroffen wird; aber ohne *Peinlichkeit*, ohne dass die Schulform durchblickt, d.h. ohne eine Spur zu zeigen, dass die Regel dem Künstler vor Augen geschwebt und seinen Gemüthskräften Fesseln angelegt habe.« (307)

Freilich ist die schöne Kunst eine solche, die wie Natur erscheint, für Kant nicht nur deshalb, weil es dem Künstler im schönen Kunstwerk gelingt, alle Spuren jener regelgeleiteten Intentionalität, die ihm zugrunde liegt, bestmöglich auszulöschen. Vielmehr ist sie es auch darum, weil schöne, ästhetisch überzeugende Kunst nach Kant tatsächlich in bestimmtem Sinne Natur *ist*, insofern wir sie als »Kunst des Genies« (ebd.) zu betrachten haben, wie es in der Überschrift von § 46 der *Kritik der Urteilskraft* heißt.

Mit der These, dass schöne Kunst Kunst des Genies sei, bringt Kant das seit dem frühen 18. Jahrhundert vorherrschende Paradigma zur Deutung künstlerischer Kreativität auf den Begriff und gibt ihm eine philosophische Begründung (vgl. dazu Schmidt 1985; Majetschak 2006a). »Genie« ist nach Kant »das Talent [...], welches der Kunst die Regel giebt.« (Ebd.) Es ist eine »Naturgabe«, eine »angeborne Gemüthslage (ingenium)« (ebd.) eines Menschen, und genau deshalb kann man sagen, dass die ihr entspringende Schönheit eines Kunstwerkes in gewissem Sinne immer auch ein Produkt der Natur selbst sei. Dass sich ein *natürliches* Talent im Kunstwerk ausspreche, erkennt man nach Kant daran, dass der Künstler, wie er »sein Product zu Stande bringe«, gewöhnlich »selbst nicht beschreiben, oder wissenschaftlich anzeigen« (308) könne; weshalb sich die Fähigkeiten, deren der Künstler zur ästhetischen Kunst bedürfe, von denen, die zur Wissenschaft notwendig seien, qualitativ unterschieden. Während in den Wissenschaften die Regeln und Prinzipien einer als wissenschaftlich-rational geltenden Vorgehensweise stets angebbar und auch erlernbar seien, sei dies in den Künsten gänzlich anders. Die Regeln, denen der Künstler bei der Hervorbringung von schönen Werken folgt, könnten nämlich »in keiner Formel abgefasst« ihm selbst oder anderen »zur Vorschrift dienen« (309), weil er sie selbst nicht kenne. Und dieser Unterschied zwischen der Vorgehensweise eines Wissenschaftlers und eines Künstlers führt Kant zu der These, dass innerhalb des Diskurses der Wissenschaft zwischen Personen mit einem hohen Grad an Kreativität und bloß reproduktiven Geistern ein nur gradueller, zwischen allen mehr oder minder großen Graden von wissenschaftlicher Kreativität und künstlerischer dagegen ein qualitativer Unterschied herrsche. Oder wie Kant mit einer berühmten Formulierung sagt: »Im Wissenschaftlichen« sei »der größte Erfinder vom mühseligsten Nachahmer und Lehrlinge nur dem Grade nach, dagegen von dem, welchen die Natur für die schöne Kunst begabt hat, specifisch unterschieden.« (Ebd.)

Anders als rational-regelorientierte Wissenschaftler erscheinen künstlerische Genies in Kants Darstellung so als »Günstlinge der Natur« (ebd.), deren Talent »dem *Nachahmungsgeiste* gänzlich entgegen zu setzen sei« (308). Denn es erscheint als eine Fähigkeit, »dasjenige, wozu sich keine bestimmte Regel geben lässt, hervorzubringen: nicht« als eine »Geschicklichkeitsanlage zu dem, was nach irgend einer Regel gelernt werden kann« (307). Daraus folge, »dass *Originalität* seine [d.h. des Genies; S.M.] erste Eigenschaft sein müsse« (308). Zur Originalität braucht es »Geist«, den Kant im Zusammenhang seiner Analyse der Merkmale künstlerischer Kreativität als »das Vermögen zur Darstellung *ästhetischer Ideen*« (313 f.) deutet.

Unter einer ästhetischen Idee versteht Kant eine »Vorstellung der Einbildungskraft, die viel zu denken veranlasst, ohne dass ihr doch irgend ein bestimmter Gedanke, d.i. Begriff, adäquat sein kann«; eine Vorstellung also, »die folglich keine Sprache völlig erreicht und verständlich machen kann« (314). Solche ästhetischen Ideen sind gewissermaßen die Gegenstücke zu den Vernunftideen, mit denen es die Philosophie zu tun hat. Vernunftideen, z.B. die Idee von Gott, Welt oder Unsterblichkeit, sind nach Kant Begriffe, die sich dadurch auszeichnen, dass ihnen

»keine *Anschauung*« jemals »adäquat sein kann« (ebd.). Denn man kann nicht durch besondere anschauliche Beispiele zeigen, was solche Begriffe meinen. Bei den ästhetischen Ideen der Künste verhält es sich genau umgekehrt. Hier hat man es mit anschaulichen Gegebenheiten zu tun, die kein Begriff, keine Sprache jemals interpretativ ausschöpfen kann. Einen Künstler, z.B. einen Dichter, zeichnet es nach Kant nun aus, dass er es wagt, »Vernunftideen von unsichtbaren Wesen, das Reich der Seligen, das Höllenreich, die Ewigkeit, die Schöpfung u.d.gl., zu versinnlichen«, indem er sie »über die Schranken der Erfahrung hinaus vermittelst« seiner »Einbildungskraft« (ebd.) mit ästhetischen Ideen unterlegt. Dadurch könne es ihm gelingen, diese Ideen mittels seiner begrifflich unerschöpfbaren Bilder und Darstellungen doch »in einer Vollständigkeit sinnlich zu machen, für die sich in der Natur kein Beispiel findet« (ebd.).

Geistreiche Originalität in diesem Sinne ist es nach Kant freilich nicht allein, die zu bedeutsamen Kunstwerken führt. Vielmehr muss solche Originalität im Werk so zum Ausdruck kommen, dass es als »*exemplarisch*« (308), d.h. als vorbildhaftes Muster des Geschmacks gelten kann. Denn wie Kant beobachtete, ist »an einem seinsollenden Werke der schönen Kunst oftmals Genie ohne Geschmack, an einem andern Geschmack ohne Genie wahr[zu]nehmen« (313). Ersteres schlägt sich im Kunstwerk als manierierte Originalität, Zweiteres als fade, gedankenleere Virtuosität nieder. In ästhetisch überzeugenden Kunstwerken muss deshalb stets die sich in ästhetischen Ideen manifestierende Originalität des künstlerischen Geistes mit dem Richtmaß des Geschmackes zu »musterhafte[r] Originalität« (318) austariert sein. So sei der Geschmack zwar einerseits »überhaupt die Disciplin (oder Zucht) des Genies«, beschneide »diesem sehr die Flügel und« mache »es gesittet oder geschliffen«, »zugleich aber« gebe er ihm andererseits »eine Leitung, worüber und bis wie weit es sich verbreiten soll, um zweckmäßig zu bleiben« (319). Nur so würden »die Ideen haltbar, eines dauernden, zugleich auch allgemeinen Beifalls, der Nachfolge anderer und einer immer fortschreitenden Cultur fähig« (ebd.).

Das Erhabene

In der *Kritik der Urteilskraft* hat Kant seiner Analyse des Geschmacksurteils und seiner genietheoretischen Deutung der Künste noch eine »Analytik des Erhabenen« an die Seite gestellt, die – vielleicht, weil er sie selbst als »einen bloßen Anhang zur ästhetischen Beurteilung der Zweckmäßigkeit der Natur« (246) bezeichnete – in der sich anschließenden Geschichte der ästhetischen Theoriebildung weit weniger Aufmerksamkeit erfahren hat als seine Theorie des Schönen. Erst in den achtziger und neunziger Jahren des 20. Jahrhunderts erfuhr sie im Anschluss an das Werk des französischen Philosophen Jean-François Lyotard, der sie für eine Deutung der Ästhetik der modernen Kunst fruchtbar zu machen suchte, eine breitere Rezeption (vgl. Lyotard 1994, 2001; dazu Pries 1989; Welsch/Pries 1991). Darauf wird zurückzukommen sein.

In die kunsttheoretischen Diskurse des 18. Jahrhunderts hatte der Begriff des Erhabenen durch die Schrift *Vom Erhabenen* des (Pseudo-)Longinus aus dem ersten Jahrhundert n.u.Z. Eingang gefunden (Longinus 1988). Und schon bald wurde er – über die Ausführungen des Longinus weit hinausgehend – dazu benutzt, um den Bezugsgegenstand einer zur Erfahrung des Schönen *gegensätzlichen*, freilich nicht weniger elementaren ästhetischen Erfahrung zu beschreiben. Denn »ästhetisch«, d.h. unmittelbar sinnlich-subjektiv und verbunden mit einem spezifischen Gefühl der Lust oder Unlust, werde nicht nur dasjenige erfahren, was wir als »schön« beurteilen. Vielmehr werde auf solche Weise auch das Erhabene erlebt, welches – anders als das Schöne – im Betrachter nicht ein Gefühl der »Liebe« bewirkt, wie Edmund Burke (1729-1797) jene »Befriedigung« nannte, »die im Gemüt beim Betrachten irgendeines schönen Dinges aufkommt«, sondern ein »Erschauern« (Burke 1989, 127 und 91). Solches Erschauern – als »Bewunderung, Verehrung und Achtung« (91) – stelle sich angesichts des Dunklen, des Riesigen, des grenzen- und formlos Unendlichen und des machtvoll Bedrohlichen ein, wie er in seiner einflussreichen Schrift *A Philosophical Enquiry into the Origin of our Ideas of the Sublime and the Beautiful* von 1757 herausarbeitete. Und er fand die Merkmale dessen, was eine solche Gefühlslage auslöse, von den Merkmalen des Schönen – Kleinheit, Glätte, kontinuierliche Form usw. – so unterschiedlich, dass er unsere »Ideen des Erhabenen und Schönen [...] auf so verschiedenen Fundamenten« stehen sah, »dass schwerlich [...] daran zu denken« sei, sie »in ein und demselben Gegenstand zur Versöhnung zu bringen« (153).

Burkes Abhandlung erschien zwar erst 1773 in einer ersten deutschen Übersetzung, doch der Sache nach dürfte seine Unterscheidung zwischen dem Schönen und dem Erhabenen Kant schon früh – vermutlich vermittelt durch eine ausführliche Darstellung von Burkes Gedanken, die Moses Mendelssohn bereits 1758 in der *Bibliothek der schönen Wissenschaften* erscheinen ließ (vgl. Mendelssohn 1986, 247 ff.) – bekannt gewesen sein. Denn in seinen *Beobachtungen über das Gefühl des Schönen und Erhabenen* von 1764 folgt er Burkes Unterscheidung weitgehend, und hier versucht er, diese gegensätzlichen Weisen der sinnlich-subjektiven Erfahrung primär durch Beispiele zu erläutern: »Der Anblick eines Gebirges«, heißt es hier, »dessen beschneite Gipfel sich über Wolken erheben«, oder »die Beschreibung eines rasenden Sturms [...] erregen« ein Gefühl des Erhabenen, nämlich ein »Wohlgefallen, mit Grausen; dagegen die Aussicht auf blumenreiche Wiesen, Täler mit schlängelnden Bächen, bedeckt von weidenen Herden [...] veranlassen auch eine angenehme Empfindung, die aber fröhlich und lächelnd ist« (826) und die darum ein Beispiel für die Erfahrung des Schönen darstellen kann. In der *Kritik der Urteilskraft* führt er dann »[k]ühne, überhangende, gleichsam drohende Felsen, am Himmel sich aufthürmende Donnerwolken, mit Blitzen und Krachen einherziehend, Vulkane in ihrer ganzen zerstörenden Gewalt, Orkane mit ihrer zurückgelassenen Verwüstung, der gränzenlose Ocean, in Empörung gesetzt, ein hoher Wasserfall eines mächtigen Flusses u.d.gl.« (261) als Beispiele für das an, was wir nicht als schön, sondern als erhaben beurteilten. Und hier, im Werk von 1790, lässt er – nun mit expliziter kritischer Bezugnahme auf Burke (vgl. 277) – dem Erhabenen eine ganz neue Analyse zuteil werden, die auch noch der Renaissance des Erhabenen im späten 20. Jahrhundert zugrunde liegt. Hier arbeitet er die Erfahrung des Erhabenen als eine zur Erfahrung des Schönen komplementäre Weise der ästhetischen Erfahrung des Menschen heraus (vgl. Majetschak 1991; 1993a).

Während in der Natur als »schön« das gilt, dessen Form in der subjektiven Aneignung durch die Einbildungskraft vorbegrifflich als zweckmäßig für den menschlichen Verstand erscheint, bezeichnet man – wie Kant in der »Analytik des Erhabenen« ausführt – als »erhaben« nämlich das, was sich für die Anschauung als »*schlechthin*« und »*über alle Vergleichung groß*« (248) erweist, was also alle »schöne Form« sprengt und damit die endliche Fassungskraft des Subjekts übersteigt. Denn dass etwas erhaben sei, urteilen wir dann, wenn es sich – übergroß oder übermächtig – selbst bei »der größten Bestrebung unserer Einbildungskraft« (255), sich ein Bild davon zu machen, als unfassbar, formlos, vielleicht in der »regellosesten Unordnung« als

61

»Chaos« (246) oder aber als bedrohliche, alles Menschliche überwältigende »Macht« (260) zeigt; jedenfalls so, dass es unmöglich ist, darin eine subjektiv zweckmäßige Ordnung für den menschlichen Verstand zu erblicken. In diesem Sinne exemplifizieren Kants Beispiele für einige Gegenstände solcher Erfahrung – der stürmische Ozean als formloses, regelloses Chaos oder sich auftürmende Gebirgsmassen als eine den Menschen überwältigende Macht – eine sich zeigende Natur, die unter dem Gesichtspunkt der »Formlosigkeit« (247), ja »Unzweckmäßigkeit« (252) als »zweckwidrig für unsere Urtheilskraft« (245) erscheint und deren Erfahrung in dieser Hinsicht – in geradem Gegensatz zum Schönen – für das urteilende Subjekt zunächst ein »Gefühl der Unlust« (257) nach sich zieht.

Anders als das Naturschöne, das das Subjekt hinsichtlich einer grundsätzlichen Zweckmäßigkeit der Natur für das endliche Erkennen optimistisch stimmt, zeigt sich also bei dem, was als »erhaben« beurteilt wird, zunächst eine mit Unlust gewahrte *unfassbare* Natur«, die den durch das Schöne genährten Erkenntnisoptimismus enttäuscht, weil sie, »im großen gesehen, aller Regeln, die wir durch unsern Verstand ihr vorschreiben, spottet«, wie Friedrich Schiller (1759-1805) in seinem Aufsatz *Über das Erhabene* (1801) schrieb. Denn die Erfahrung des Erhabenen desillusioniert immer wieder den schönen Schein einer erkenntnisaffinen Natur, weil sie uns je und je »die absolute Unmöglichkeit« vor Augen stellt, »durch *Naturgesetze*«, mittels deren wir uns ein Bild von ihr machen, »die *Natur selbst* zu erklären« (Schiller 1966, 613, 616). Doch trotz aller primären Unlust an einer solchen Erfahrung beurteilen wir das sich solchermaßen für uns Zeigende nach Kant keineswegs notwendigerweise als »hässlich«, wie man zunächst annehmen sollte. Denn – und dies ist entscheidend für die Beurteilung von etwas als »erhaben« – die primäre Unlust an der formlos unbegreiflichen Natur kann nach Kant unter Umständen durchaus in eine vermittelte Lust umschlagen, die sich als Achtung, als Respekt oder als »Wohlgefallen, mit Grausen«, charakterisieren lässt und die zum Ausdruck bringt, wer die Natur in ihrer Übermächtigkeit oder alle überschaubare Form sprengenden Größe als »erhaben« bezeichnet. Dies ist nach Kant der Fall, wenn der über diese Erfahrung nachdenkende Mensch begreift, inwiefern jene unfassbar, zweckwidrig für den Verstand sich zeigende Natur, die das anfängliche Gefühl der Unlust auslöst, durchaus als der menschlichen Vernunft, dem Vermögen der Ideen, angemessen interpretiert werden kann, weil man sie – die entsprechende Fähigkeit des Subjekts vorausgesetzt – auch als indirekte Darstellung einer Vernunftidee, nämlich der Idee der Unendlichkeit, auffassen kann. Die Natur erweist sich ja hier als alles Endliche übersteigend und verschafft gerade dadurch einem Vernunftbegriff, dem eigentlich keine endliche Anschauung jemals vollständig adäquat sein kann, doch so etwas wie eine Exemplifikation. Die Idee der Unendlichkeit indirekt dargestellt zu sehen nötigt dem urteilenden Subjekt Respekt ab, den die Bezeichnung des Phänomens als »erhaben« zum Ausdruck bringt. Und deshalb kann Kant seine Theorie des Erhabenen mit der Formulierung auf den Punkt bringen, »erhaben« sei »die Natur in derjenigen ihrer Erscheinungen, deren Anschauung die Idee ihrer Unendlichkeit bei sich führt« (255) bzw. die »*das Gemüth bestimmt, sich die Unerreichbarkeit der Natur*« für unsere Formen des Anschauens und Begreifens »*als Darstellung von Ideen zu denken*« (268).

4. Hegels Philosophie der schönen Kunst

Bis heute kann sich niemand, der von der Relevanz des Begriffs der Schönheit für Ästhetik und Kunstphilosophie überzeugt ist, einen Rückfall hinter das bei Kant erreichte Niveau der Analyse des Schönen leisten. Das haben natürlich auch die ersten großen kunstphilosophischen Systeme nicht getan, die in der Zeit des so genannten »Deutschen Idealismus« – also jener philosophisch so fruchtbaren Epoche zwischen dem Erscheinen von Kants *Kritik der reinen Vernunft* im Jahre 1781 und Hegels Tod im Jahre 1831 – von Schelling und Hegel vorgelegt wurden. Freilich deuten sie die kantischen Einsichten auf spezifische Weise um, weil sie aus einer Reihe von Gründen daran interessiert waren, Kants Gedanken mit einer für die Theorie des Schönen seit dem spätantiken Neuplatonismus über die christliche Philosophie des Mittelalters (vgl. Kreuzer 2005) bis zum Beginn des 19. Jahrhunderts wirkungsmächtigen Denkfigur zu vereinbaren. Geschichtlich ist diese Denkfigur erstmals im platonischen *Symposion* greifbar, in dem die Mantineerin Diotima in einer Lobrede auf den Eros, von der Sokrates in diesem Dialog berichtet, über die Schau des Schönen sagt, dass dann, »wenn einer dazu gelangte, jenes Schöne selbst rein, lauter und unvermischt zu sehen«, er auch »das göttlich Schöne selbst in seiner Einartigkeit« (211e) schaue. Und im Sinne dieses Satzes glaubte man dann nachplatonisch, jegliche an Naturgegenständen oder an Kunstwerken sinnlich anschaulich werdende Schönheit als ein Ansichtig-Werden des göttlich Einen selbst – bzw. des Unendlichen, des Absoluten, des Wahren oder wie auch immer es unterschiedliche Systemansätze deuteten – in der endlichen Gestalt interpretieren zu dürfen.

So dachten auch noch Schelling und Hegel zu Zeiten, da eine eigenständige philosophische Disziplin namens Ästhetik längst etabliert war. Das »Unendliche endlich dargestellt ist Schönheit« (Schelling 1985a, 688), heißt es in Friedrich Wilhelm Joseph Schellings (1775-1854) *System des transzendentalen Idealismus* des Jahres 1800 im Blick auf Kunstwerke in diesem Sinne mit definitorischer Knappheit. Sie sind schön, indem in der Unendlichkeit und Unausschöpfbarkeit des in ihnen aufscheinenden Sinnes das Unendliche selbst (und unter Bedingungen einer endlichen sinnlichen Anschauung *nur so*) zur Anschauung kommt. Schön ist insofern das Werk, das in jedem sinnlich wahrnehmbaren Detail so vom Unendlichen durchdrungen ist, dass nichts Sinnliches an ihm belang- und geistlos, nichts Geistiges an ihm nicht auch sinnlich für die Anschauung manifestiert erscheint. Und deshalb kann Schelling wenig später, wenn auch bereits auf der Basis des veränderten Systemansatzes seiner *Philosophie der Kunst*, die er 1802/03 in Jena, 1803/04 in Würzburg als Vorlesungen vorgetragen hat, schreiben, »Schönheit« sei »da gesetzt, wo das Besondere (Reale) seinem Begriff so angemessen ist, daß dieser selbst, als Unendliches, eintritt in das Endliche und *in concreto* angeschaut wird« (Schelling 1985b, 210). Als deren primäres Residuum erscheint ihm auch hier die »Kunst«, die deshalb ihrem Begriff nach als »Darstellung des Absoluten mit absoluter Indifferenz«, d.h. absoluter Ununterschiedenheit »des Allgemeinen und Besonderen im *Besonderen*« (ebd., 234) des Kunstwerkes aufgefasst wird.

Georg Wilhelm Friedrich Hegel (1770-1831) hat dies – aller Polemik zum Trotz, mit der die ehemals freundschaftlich verbundenen Studiengenossen und späteren Konkurrenten im zeitgenössischen Wettbewerb um den überzeugendsten idealistischen Systemansatz einander oft überzogen – kaum anders gesehen. Wenn im Folgenden seine Version dieses Gedankens, wie er sie in seinen *Vorlesungen über die Ästhetik* ausgeführt hat, und nicht diejenige Schellings als eine Grundfigur philosophischer Ästhetik präsentiert wird, so ist damit keineswegs die Behauptung einer Überlegenheit seiner Position verbunden. Vielmehr erhält sie hier den Vorzug der Darstellung vor allem deshalb, weil sie sich einerseits für die Etablierung einer autonomen Wissenschaft von der bildenden Kunst im Laufe des 19. Jahrhunderts, andererseits für die spätere kunstphilosophische Theoriebildung bis ins späte 20. Jahrhundert hinein als wirkungsmächtiger erwiesen hat.

Ihre Wirkungsmacht haben diese Vorlesungen insbesondere in einer dreibändigen Ausgabe entfaltet, die Hegels Schüler Heinrich Gustav Hotho zuerst 1835, dann in einer zweiten verbesserten Auflage nochmals 1842 herausgebracht hat. Diese zweite Auflage, die bis heute das Bild von Hegels Ästhetik bestimmt, ist (ebenso wie die erste) kein authentischer Hegel-Text. Vielmehr hat Hotho sie auf der Grundlage von Hegels Aufzeichnungen, jedoch unter Hinzuziehung von Mitschriften seiner Hörer selbständig zusammengestellt (vgl. III, 575 f.), so dass man aus philologischer Sicht trefflich darüber streiten kann, ob Hegel manches, was im Text verlautet, wirklich *so* gesagt hat (oder gar: hätte sagen *können* ...) oder ob Hothos Kompilation ihm solches bloß unterschiebt. Doch im vorliegenden Zusammenhang, in dem es um *jenen* »Hegel« geht, der in der Geschichte der Ästhetik zur Wirkung kam, sind solche Streitfragen belanglos. Denn der ästhetikgeschichtlich wirksam gewordene Hegel ist zweifellos der, den wir aus Hothos Text kennen.

Schönheit: Das sinnliche Scheinen der Idee

Ebenso wie Schelling hat auch Hegel seinen *Vorlesungen über die Ästhetik* einen Begriff von Ästhetik zugrunde gelegt, der diese Disziplin nicht mehr wie Baumgarten als Theorie der sinnlichen Erkenntnis und auch nicht wie Kant als Theorie der ästhetischen Beurteilung, sondern vielmehr – wie es heute weithin üblich ist – dezidiert als »›*Philosophie der Kunst*‹ und bestimmter ›*Philosophie der schönen Kunst*‹« (I, 13) auffasst. Dafür schien ihm der Ausdruck »Ästhetik« »eigentlich nicht ganz passend«, weil damit von ihrem baumgartenschen Ursprung her gesehen »die Wissenschaft des Sinnes, des *Empfindens*« (ebd.) bezeichnet wurde, mit der seine Philosophie der Kunst wenig gemein hat. Doch weil dieser Ausdruck im zweiten Jahrzehnt des 19. Jahrhunderts, in dem Hegel seine Vorlesungen zu halten begann, schon »so in die gemeine Sprache übergegangen« (ebd.) war, dass Ästhetik und Philosophie der Kunst vielen für gleichbedeutend galten, behielt auch er ihn zur Bezeichnung seines Projekts bei. Dass er bei dieser Begriffsbestimmung so nachdrücklich betonte, Ästhetik dürfe nicht nur Philosophie der Kunst überhaupt, sondern müsse – wie er sagt – »bestimmter« Philosophie der *schönen* Kunst sein, hat seinen Grund dabei nicht darin, dass er zu seiner Zeit schon so etwas wie eine nicht auf Schönheit verpflichtete Kunst gekannt hätte, wie sie dann später die künstlerische Moderne ausbildete. Er betonte dies vielmehr, weil sich aus der Tatsache, dass Kunst Schönheit manifestiert, in seiner Sicht allein ihre philosophische Theoriewürdigkeit ergab. Denn wie er zu zeigen sich bemühte, lässt sich ihre Schönheit als sinnlicher Aufschein von Wahrheit deuten.

Von einem Aufschein von Wahrheit im Schönen hatte Kant nicht gesprochen, und doch glaubte Hegel eine solche Deutung von Schönheit im Anschluss an Kant plausibel machen zu können. Denn Kant hatte in Hegels Sicht die grundlegenden Bestimmungen, die sowohl die Idee des Wahren als auch die des Schönen definieren, bereits entwickelt, aber die philosophischen Konsequenzen aus diesen Bestimmungen nicht nachdrücklich genug gezogen. Wenn »das Schöne« nach Kant – jedenfalls so, wie Hegel ihn versteht – »die Form der *Zweckmäßigkeit*« insofern aufweist, »als die Zweckmäßigkeit an dem Gegenstande ohne Vorstellung eines Zwecks wahrgenommen wird« (I, 87), dann könne das ja nur heißen, dass sich ein schöner Gegenstand *strukturell* gesehen dadurch auszeichnet, dass seine anschauliche Erscheinungsform *als* einem formbestimmenden Zweckbegriff, unbestimmt welchem, *entsprechend* erfahren wird. Das »zweckmäßige Entsprechen des Inneren und Äußeren«, von formbestimmendem Begriff und anschaulicher Gestalt, mache deshalb »die immanente Natur des schönen Gegenstandes« aus, weshalb man durchaus bereits unter kantischen Prämissen nach Hegel sagen kann, das »Schöne« existiere »als zweckmäßig in sich selbst, ohne dass Mittel und Zweck sich als verschiedene Seiten getrennt zeigen« (ebd.). In der Erfahrung von anderem als dem Schönen sind Mittel und Zweck, Begriff und Anschauung durchaus getrennt, denn in solcher Erfahrung interpretieren wir anschaulich gegebene Mannigfaltigkeit durch ihr gegenüber äußerlich bleibende Begriffe. Gerade diese »Trennung« freilich »findet sich im Schönen« nach Hegel »aufgehoben, indem sich Allgemeines und Besonderes, Mittel und Zweck, Begriff und Gegenstand vollkommen durchdringen« (I, 88).

Eine solche Einheit von Begriff und ihm entsprechender Realität, wie sie das Schöne strukturell zeigt, heißt in der Sprache der hegelschen Philosophie »Idee«, und deshalb kann er – damit allerdings weit über Kant hinausgehend – sagen, »dass das Schöne selber als Idee, und zwar als Idee in einer bestimmten Form, als *Ideal*, gefasst werden müsse« (I, 145). Eine ebensolche

Einheit von Begriff und Realität kennzeichnet nach Hegel nun freilich auch das, was wir mit »Wahrheit« im emphatischen, man könnte sagen: metaphysischen Sinne meinen, also »nicht etwa in dem *subjektiven* Sinne, dass eine Existenz sich *meinen* Vorstellungen gemäß zeige, sondern in der *objektiven* Bedeutung«, dass etwas »in seiner Wirklichkeit den Begriff selber realisiere« (I,151). Einen solchen Begriff von Wahrheit gebrauchen wir z.B., wenn wir von einem »wahren Staat« oder einem »wahren Freund« sprechen. Denn damit ist ja gemeint, dass die als »wahr« bezeichnete Sache oder Person in ihrer Realität ihrem Begriff entspreche und insofern ihrer Idee gemäß sei. Im Blick auf die in ihnen strukturell gedachte Entsprechungseinheit von Begriff und Realität sind die Ideen von »*Schönheit* und *Wahrheit*« für Hegel so »einerseits *dasselbe*« (ebd.). Andererseits »aber *unterscheidet* sich ebensosehr das Wahre vom Schönen« (ebd.). Denn die Wahrheit im objektiven Sinne ist die Idee bzw. der Gedanke, *dass* und *wie* eine Sache in ihrer Realität ihren Begriff verwirkliche, noch nicht aber ihre anschauliche Manifestation. Indem das Wahre aber »nun in diesem seinem äußerlichen Dasein unmittelbar für das Bewusstsein ist und der Begriff unmittelbar in Einheit bleibt mit diesem seinem äußeren Dasein, ist die Idee nicht nur wahr, sondern *schön*« (ebd.). Wie es in einer der bekanntesten Formulierungen der hegelschen Ästhetik heißt: »Das Schöne bestimmt sich dadurch als das sinnliche *Scheinen* der Idee.« (Ebd.) Es scheint dort auf, wo die in der Idee der Wahrheit gedachte Einheit von Begriff und Realität in konkreter, anschaulicher Gestalt verwirklicht ist, und *ist* deshalb im Grunde nichts anderes als der sinnliche Glanz der Wahrheit.

Kunst als Darstellung des Absoluten

Der Ort solchen Scheinens ist für Hegel das Kunstwerk, wobei er selbstverständlich nicht meint, dass in ihm irgendeine triviale Wahrheit aufscheine, wie es sie so zahlreich gibt. Hegel meint vielmehr, dass gerade in bedeutender Kunst die absolute Wahrheit, letztlich das Absolute selbst zur Erscheinung komme, und darum lässt sich ihr in einer philosophischen Interpretation entnehmen, was den Menschen in der Epoche, in der sie entstand, als das Absolute gegolten bzw. wie es sich ihnen gezeigt hat. Denn eine wirklich »*freie* Kunst«, die diesen Namen verdient – also nicht eine »dienende«, die sich in den Dienst der Illustration irgendwelcher vorgegebener Wahrheiten stellt –, »löst dann erst ihre *höchste* Aufgabe, wenn sie sich in den gemeinschaftlichen Kreis mit der Religion und Philosophie gestellt hat und nur eine Art und Weise ist, das *Göttliche*, die tiefsten Interessen des Menschen, die umfassendsten Wahrheiten des Geistes zum Bewusstsein zu bringen und auszusprechen. In Kunstwerken«, schreibt er, »haben die Völker ihre gehaltreichsten inneren Anschauungen und Vorstellungen niedergelegt, und für das Verständnis der Weisheit und Religion macht die schöne Kunst oftmals, und bei manchen Völkern allein, den Schlüssel aus.« (I, 20 f.) Und insofern eine solche freie Kunst in diesem Sinne als »sinnliche Darstellung des Absoluten« (I, 100) einer Zeit oder Epoche interpretiert werden kann, kann Hegel auch sagen, sie befinde sich »mit Religion und Philosophie [...] auf demselben Gebiete« (I, 131). Denn sie präsentiert in sinnlichen Darstellungen für die menschliche Anschauung eben jenes Absolute, das die Religion in – zumeist mythologischen – Vorstellungen und die Philosophie im begrifflichen Denken zu vergegenwärtigen sucht.

Anders als die Philosophie, deren begriffliches Denken für Hegel als ein adäquates Mittel zur Darstellung des Absoluten gilt, und stärker noch als im Falle der Religion, die dasselbe Absolute mittels mythischer Vorstellungen im Blick hat, ist das »Mittel«, welches die Kunst »hierzu gebraucht«, freilich »die *Täuschung*. Denn das Schöne hat sein Leben in dem *Scheine*.« (I, 17) Und so könnte man der Ansicht sein, dass die sinnlichen Darstellungen der Kunst eher als Verhüllungen denn als angemessene Weisen, sich in einer Zeit ein Bewusstsein vom Absoluten zu geben, zu gelten haben; die täuschenden Darstellungsmittel der Kunst ihres Gegenstandes also letztlich unwürdig seien. »Was [...] die *Unwürdigkeit* des Kunstelementes im allgemeinen, des *Scheines* nämlich und seiner *Täuschungen*, angeht«, schreibt Hegel im Blick auf eine solche Ansicht, »so hätte es mit diesem Einwand allerdings seine Richtigkeit, wenn der Schein als das Nichtseinsollende dürfte angesprochen werden. Doch der *Schein* selbst«, so betont er, »ist dem *Wesen* wesentlich, die Wahrheit wäre nicht, wenn sie nicht schiene und erschiene« (I, 21), wie er in der so genannten Wesenslogik seiner *Wissenschaft der Logik* gezeigt hatte. Doch auch ohne die entsprechenden Gedanken seines Hauptwerkes hier im Einzelnen heranzuziehen, lässt sich einsehen, dass dies schon deshalb so sein sein muss, weil wir von einem *nicht* zur Erscheinung gelangenden Wesen oder Absoluten – trivialerweise – gar nichts wissen könnten. »Deshalb kann nicht das *Scheinen* im allgemeinen, sondern nur die besondere Art und Weise des Scheins, in welchem die Kunst dem in sich selbst Wahrhaftigen Wirklichkeit gibt, ein Gegenstand des Vorwurfs werden.« (Ebd.)

An der besonderen Art und Weise des Scheins der Kunst hatte man in der Tradition der europäischen Philosophie im Anschluss an Platons Kritik der Kunst im zehnten Buch der *Politeia* immer wieder moniert, dass solcher Schein gewissermaßen epistemologisch tertiär sei, weil sich jedes Bild der Kunst »um das Dreifache von der Wahrheit« (599a) entferne. Die Dinge der Welt, die uns als wirklich gelten, so ließ Platon den Sokrates in der *Politeia* argumentieren, seien ja schon Bilder, nämlich Bilder der Ideen, die das im eigentlichen Sinne Wahre seien. Wenn ein Künstler also ein Bild von Dingen unserer Welt gebe, mache er sozusagen Bilder von Bildern und entferne sich insofern um ein Dreifaches von dem, was es eigentlich zu erkennen gilt. Als erkenntnisförderlich könnten Kunstwerke aufgrund solchen Abstands vom Wahren deshalb nicht betrachtet werden. Auch diese Kritik am Scheincharakter der Kunst weist Hegel zurück, indem er gegen die platonische Tradition betont, dass die »ganze Sphäre der empirischen inneren und äußeren Welt« nicht etwa näher an der Wahrheit und schon gar nicht »die Welt wahrhafter Wirklichkeit« selbst sei, »sondern vielmehr in strengerem Sinne als die Kunst« als »ein bloßer Schein und eine härtere Täuschung« (I, 22) aufgefasst werden müsse. Zwar erscheine, so meinte er, in »der gewöhnlichen äußeren und inneren Welt [...] die Wesenheit wohl auch, jedoch in der Gestalt eines Chaos von Zufälligkeiten, verkümmert durch die Unmittelbarkeit des Sinnlichen und durch die Willkür in Zuständen, Begebenheiten, Charakteren usf.« (Ebd.) Daran gemessen, vergegenwärtige gerade die Kunst eher das Wesen und die Wahrheit der Sachen. Denn »den Schein und die Täuschung dieser schlechten und vergänglichen Welt« nehme sie »von jenem wahrhaften Gehalt der Erscheinungen fort« und gebe »ihnen eine höhere geistgeborene Wirklichkeit« (ebd.). Zwar zeugt sie unbestreitbar Schein, »doch in Vergleich mit dem Schein der sinnlichen unmittelbaren Existenz« der Welt habe »der Schein der Kunst den Vorzug, daß er selbst durch sich hindurchdeutet und auf ein Geistiges, welches durch ihn soll zur Vorstellung kommen, hinweist« (I, 23). Denn anders als die Welt der sinnlich unmittelbaren Existenz, die sich als Wahrheit behauptet, bleibt Kunst stets *als* Kunst, *als* Schein erkennbar, und darum gilt sie Hegel nicht primär als Täuschung, sondern als sich als Schein bekennender Schein des Wahren.

Die so genannte These vom Ende der Kunst

Richtig ist natürlich: Wenn es um das geht, was Kunst für Hegel allein der Beschäftigung wert macht – ihr Charakter, Darstellung des Absoluten für die sinnliche Anschauung zu sein –, dann muss man sagen, dass sie in der Trias von Kunst, Religion und Philosophie, die Gleiches anstreben, die unterste Stufe einnimmt. »Denn eben ihrer« sinnlich-anschaulichen Darstellungs-»Form wegen ist die Kunst [...] auf einen bestimmten Inhalt beschränkt« (ebd.), und zwar einfach deshalb, weil sich gewisse in der Religion vorgestellte oder in der Philosophie gedachte Konzepte des Absoluten einer adäquaten Versinnlichung für die Anschauung schlechthin entziehen. Als adäquate Darstellung des Absoluten kann sie darum nur gelten, wo es in der »eigenen Bestimmung« gewisser Gehalte liegt, »zu dem Sinnlichen hinauszugehen und in demselben sich adäquat sein zu können«, und das war nach Hegel z.B. in der griechischen Antike der Fall, in der das Absolute der Zeit in den Statuen der »griechischen Götter« (ebd.) seinen gänzlich angemessenen Ausdruck fand. Doch schon »die christliche Auffassung der Wahrheit« (I, 24) lässt sich nicht in solcher Weise zur Darstellung bringen, wie beispielsweise die trinitarische Gottesauffassung des Christentums deutlich macht, die jeder Verbildlichung widersteht. Wo solche Auffassungen vom Absoluten in Geltung stehen, trifft der Versuch einer Darstellung des Absoluten durch die Kunst auf eine prinzipielle Grenze.

Hegels Diagnose zufolge galt dies für seine eigene Zeit, und es gilt wohl auch noch für die Kultur der Gegenwart, die sich wie diejenige zu Hegels Zeiten als eine Reflexionskultur charakterisieren lässt, in der es »allgemeine Formen, Gesetze, Pflichten, Rechte, Maximen« (I, 25) und nicht mehr Kunstwerke sind, in denen sich das, was je zeitgenössisch als das (religiös oder sonstwie gedachte) Absolute gilt, zum Ausdruck bringt. »Deshalb ist unsere Gegenwart ihrem allgemeinen Zustande nach der Kunst nicht günstig.« (I, 25) »Die schönen Tage der griechischen Kunst wie die goldene Zeit des späteren Mittelalters sind vorüber«, insofern – und diese Diagnose dürfte kaum zu bestreiten sein – der »Gedanke und die Reflexion [...] die schöne Kunst überflügelt« (I, 24) haben, was sich nach Hegel nicht zuletzt daran zeigt, dass selbst »der ausübende Künstler [...] durch die um ihn her laut werdende Reflexion, durch die allgemeine Gewohnheit des Meinens und Urteilens verleitet und angesteckt« werde, »in seine Arbeiten [...] mehr Gedanken hineinzubringen« (I, 25), als die sinnliche Darstellungsform der Kunst eigentlich ausdrücken kann. Und genau deshalb kann Hegel sagen, dass »die Kunst«, jedenfalls »nach der Seite ihrer höchsten Bestimmung«, adäquate Darstellung des Absoluten zu sein, »für uns ein Vergangenes« (ebd.) sei.

Dass die Kunst in diesem Sinne für uns ein Vergangenes sei, ist Hegels berühmt-berüchtigte These vom Ende der Kunst, die in außerphilosophischen Zusammenhängen oft sehr entstellt wiedergegeben wird. Sie besagt natürlich *nicht*, dass die Kunst in dem Sinne an ein Ende gekommen sei, dass keine Kunstwerke mehr produziert würden, produziert werden könnten oder gar dürften. Sie meint vielmehr, dass die Kunst eben im Blick auf ihre – jedenfalls nach Hegels Dafürhalten – *höchste* Bestimmung, das Absolute adäquat auszudrücken, für uns ein Vergangenes sei. »Uns gilt die Kunst nicht mehr als die höchste Weise, in welcher die Wahrheit sich Existenz verschafft.« (I, 141) Deshalb kann man zwar »wohl hoffen, dass die Kunst«, die selbstverständlich auf ihren eigenen Wegen zu jeder Zeit weiterschreitet, »immer mehr steigen und sich vollenden werde, aber ihre Form hat doch aufgehört, das höchste Bedürfnis des Geistes zu sein. Mögen wir die griechischen Götterbilder noch so vortrefflich finden und Gottvater, Christus, Maria noch so würdig und vollendet dargestellt sehen – es hilft nichts, unser Knie beugen wir doch nicht mehr.« (I, 142) Im Gegenteil, weit entfernt davon, das Kunstwerk als Präsenz des Absoluten für die Anschauung zu verstehen, sehen wir es als einen Gegenstand an, der – um unter Bedingungen einer Reflexionskultur gelten zu können – wesentlich der Interpretation, d.h. der »Bewährung« (I, 28) durch den Gedanken bedarf.

Spekulative Kunstphilosophie zwischen abstrakter Philosophie des Schönen und Kunstgeschichte

In ihrer Durchführung verfolgt Hegels Philosophie der Kunst das Programm darzustellen, wie sich der als Schönheit manifest werdende sinnliche Aufschein des Wahren in Kunstwerken unterschiedlicher Epochen und Kulturen gezeigt hat. Sie situiert sich damit zwischen einer »abstrakten Philosophie des Schönen« (I, 29), die über die Idee des Schönen sprechen zu können glaubt, ohne ihre Überlegungen an konkrete Kunstphänomene rückzubinden, auf der einen Seite und einer Kunstgeschichte auf der anderen, die nach Hegel als ästhetische »Würdigung der individuellen Kunstwerke und Kenntnis der historischen, das Kunstwerk äußerlich bedingenden Umstände« (I, 38), allein auf sich gestellt, an der Problematik leidet, den ihr zugrunde liegenden Begriff des Schönen und der Kunst gar nicht ausweisen zu können. Freilich weist die Art und Weise seiner Durchführung aus heutiger Sicht eine Seltsamkeit auf, die Leser seiner Ästhetik, die mit dem spekulativen Systemansatz im Ganzen nicht (oder noch nicht) vertraut sind, gewöhnlich zu irritieren geeignet ist. Hegel will nämlich nicht nur zeigen, wie eine Kunst, als deren »Zweck die sinnliche Darstellung des Absoluten [...] angegeben« (I, 100) wurde, solches Absolute im Laufe der Geschichte in verschiedener Weise in der Schönheit von Kunstwerken zum Aufschein brachte, sondern darüber hinaus auch noch, dass es *ein und dasselbe* Absolute sei, welches *sich* in dieser Geschichte in unterschiedlichen Erscheinungsformen selbst auslege. So wird diese Geschichte als ein in sich zusammenhängender Entwicklungsprozess begreifbar, den Hegel dadurch charakterisiert sieht, dass das Absolute in jenen endlichen Gestalten, die es zur Darstellung bringen wollen, zunehmend zum Bewusstsein seiner selbst gelange. Genau dies hat Hegel im Blick, wenn er in seinen Vorlesungen davon spricht, dass die »Kunst« in der Perspektive seiner Kunstphilosophie »als aus der absoluten Idee selber hervorgehend« (ebd.) betrachtet werden müsse.

Eine Begründung dieses spekulativen Systemansatzes, den Hegel nicht nur in der Kunstphilosophie, sondern in allen Systemteilen zur Anwendung bringt, konnte er in den *Vorlesungen über die Ästhetik* nicht geben. Hier konnte er nur auf »eine metaphysische Logik« (I, 104) als den Ort dieser Begründung verweisen, wie er sie mit seiner *Wissenschaft der Logik* vorgelegt hat. Denn sie hängt nicht so sehr mit Eigentümlichkeiten der Kunst zusammen, sondern mit komplexen Überlegungen zur Frage, wie die begrifflichen Beziehungen, die zwischen Absolutem und Endlichem herrschen, in einer systematischen Philosophie des Absoluten auf adäquate Weise zu explizieren seien (vgl. dazu Majetschak 1992, 88 ff.). Im Zuge dieser Überlegungen sah er, mit äußerster Vereinfachung gesagt, dass ein Begriff vom Absoluten, der es als etwas den endlichen Erscheinungen der Welt Entgegengesetztes und von ihnen Verschiedenes denkt, dieses ja selbst als ein Endliches – weil gegen das Endliche Unterschiedenes – auffasst. Ein wahrhafter Begriff vom Absoluten darf sich daher gerade nicht aus seinem Gegensatz zu allem Endlichen definieren, sondern muss umgekehrt die Endlichkeiten in ihrer Mannigfaltigkeit und Unterschiedenheit voneinander *als* die *Erscheinung* (das *Dasein*, die *Manifestation* oder wie immer man es terminologisch bezeichnet) des Absoluten selbst deuten, um auf diese Weise jede Art der begrifflichen Entgegensetzung von Absolutem und Endlichem zu vermeiden. Im Blick auf die unterschiedlichen Darstellungen des Absoluten seitens des endlichen Menschen, wie sie z.B. in der Geschichte der Kunst auftraten, muss dies dann freilich heißen, sie als der Form nach differente Vergegenwärtigungen ein und desselben Absoluten aufzufassen, das sich in ihnen auslegt und als es selbst weiß. Und so sieht es auch die hegelsche Kunstphilosophie, wenn sie von jenem Absoluten, das in der Kunst zum Objekt des endlichen Geistes wird, »in der höheren spekulativen Betrachtung« sagt, es sei »*der absolute Geist selber*, der, um für sich das Wissen seiner selbst zu sein, sich *in sich* unterscheidet und dadurch die Endlichkeit des Geistes setzt, innerhalb welcher er sich absoluter Gegenstand des Wissens seiner selbst wird« (I, 130).

Nach Hegel ist dies »der Punkt, bei welchem wir in der Philosophie der Kunst zu beginnen haben« (ebd.). Freilich hat die Kunstphilosophie nicht die »Idee als solche« zum Thema, »wie sie eine metaphysische Logik als das Absolute aufzufassen hat« (I, 104). Und viele werden sagen: zum Glück. Hier interessiert, wie er betont, vielmehr die »Idee als das Kunstschöne«, d.h. »insofern sie zur Wirklichkeit fortgestaltet und mit dieser Wirklichkeit in unmittelbar entsprechende Einheit getreten ist« (ebd.) und so als Schönheit im Endlichen aufleuchtet. Die zur individuellen Wirklichkeit fortgebildete, dort ihrem Begriff entsprechend realisierte Idee nennt Hegel, wie oben bereits erwähnt wurde, »das *Ideal*« (I, 105). Es zeichnet sich durch völlige Entsprechung von Stoff und Form, Inhalt und Gestaltung in einer individuellen Kunsterscheinung aus, wird von aller Kunst angestrebt, doch freilich nur »in der höchsten Kunst« (I, 106) erreicht. Weil nicht jede, sondern nur die höchste Kunst das Ideal der Schönheit als eine solche Entsprechung realisiert, kann Hegel aus den »verschiedenen Verhältnissen von Inhalt und Gestalt« (I, 107), die in Kunstwerken zu unterschiedlichen Zeiten primär ausgeprägt werden, einen Gesichtspunkt gewinnen, unter dem er drei Hauptformen der Kunst einteilt. Er gliedert sie nämlich unter dem Gesichtspunkt »Erstreben, Erreichen und Überschreiten des Ideals als der wahren Idee der Schönheit« (I, 114) und gelangt so zu einer grundlegenden Unterscheidung von Formen symbolischer, klassischer und romantischer Kunst. Dass es Hegel mittels dieser drei Kunstformen gelingt, die gesamte Geschichte der Kunst sowie das System der besonderen Kunstgattungen je als einen in sich notwendigen Zusammenhang zu interpretieren, macht bis heute für viele das Faszinosum seines kunstphilosophischen Ansatzes aus.

Symbolische, klassische und romantische Kunst

»Die erste Kunstform«, die *symbolische*, ist nach Hegel »ein *bloßes Suchen*«, d.h. bloßes Erstreben einer adäquaten »Verbildlichung« (I, 107) der Idee im Werk, die aber in solcher Kunst niemals völlig realisiert werden kann. Man begegnet ihr häufig in archaischen Kulturen oder Epochen, in denen das Werk, oft in kultischem Zusammenhang, symbolisch *für* einen rätselhaft erhabenen Gehalt steht. Die sinnlich-anschauliche Form des Kunstwerkes – etwa wenn mit der Figur eines »Löwen z.B. die Stärke gemeint ist« (I, 108) oder eine Steinstele auf die Größe und Erhabenheit des Gottes deutet – *verweist* hier freilich nur auf den gemeinten Gehalt, ohne ihn in sich angemessen und vollständig zur Erscheinung zu bringen. »Die Gegenstände der Naturanschauungen«, Löwe oder Stein, werden in solcher Kunst »einerseits zunächst gelassen, wie sie sind, doch zugleich [wird] die substantielle Idee als ihre Bedeutung in sie hineingelegt, so dass sie nun dieselbe auszudrücken den Beruf erhalten und so interpretiert werden sollen, als ob in ihnen die Idee selbst gegenwärtig wäre.« (I, 106 f.) Dass solche Kunst zu einer adäquaten Realisierung ihrer Ideen im Werk – und damit auch zu idealer Schönheit – gewöhnlich nicht gelangt, hat seinen Grund nach Hegel nicht in der subjektiven Ungeschicklichkeit der Künstler, sondern in der noch weitgehenden Abstraktheit und Unbestimmtheit der zu realisierenden Gehalte, die zu völliger Konkretion im Kunstwerk gar nicht finden *können*.

»In der *zweiten* Kunstform«, die Hegel »als die *klassische*« bezeichnet, »ist der [...] Mangel der symbolischen getilgt«; sie zeigt »die freie adäquate Einbildung der Idee in die der Idee selber eigentümlich ihrem Begriff nach zugehörige Gestalt, mit welcher sie deshalb in freien, vollendeten Einklang zu kommen vermag.« (I, 109) Solche Kunst findet er insbesondere in der griechischen Antike, deren Absolutes in den Skulpturen der griechischen Götter auf vollkommene Art und Weise erscheint. Hier sei das Ideal der Entsprechung von Idee und Gestalt erreicht; es steht in der Schönheit des Werkes vor Augen, zeigt gänzlich unverborgen, als was das Absolute in jener Epoche erscheint, und insofern hat die »klassische Kunstform [...] das Höchste erreicht, was die Versinnlichung der Kunst zu leisten vermag, und wenn an ihr etwas mangelhaft ist, so ist es nur die Kunst selber und die Beschränktheit der Kunstsphäre« (I, 111). Denn gerade hier, am Beispiel der höchsten Vollendung, deren die Kunst nach Hegel fähig ist, wird klar, dass in ihr eben nicht alle Gehalte auf adäquate Weise realisiert zu werden vermögen. So kann die griechische Götterskulptur in ihrer idealen Schönheit zwar den absoluten Gehalt in der endlichen Gestalt eines Menschen vor Augen stellen, doch den Gedanken, *dass* die realisierte, als Schönheit glänzende »Einheit menschlicher und göttlicher Natur« (I, 112) die Wahrheit sei, kann sie mit den Mitteln der Kunst als solche nicht mehr ausdrücken.

Auf das Problem, dass Gehalte als das Absolute gelten, die sich jeglicher anschaulicher Darstellung entziehen, reagiert nach Hegel die dritte, als *romantisch* bezeichnete Kunstform, die gerade deshalb »das Hinausgehen der Kunst über sich selbst« betreibt, doch paradoxerweise »innerhalb ihres eigenen Gebiets in Form der Kunst selber« (I, 113). »Die *romantische* Kunstform«, schreibt er, »hebt die vollendete Einigung der Idee und ihrer Realität wieder auf und setzt sich selbst, wenn auch auf höhere Weise, in den Unterschied und Gegensatz beider Seiten zurück, der in der symbolischen Kunstform unüberwunden geblieben war.« (I, 111) Denn das Ideal wird in dieser Kunstform bewusst überschritten, weil der Künstler um die Undarstellbarkeit der für ihn absoluten Gehalte weiß, wie sie z.B. den christlich-trinitarischen Gottesbegriff auszeichnen. Und in diesem Sinne ist die gesamte christliche Kunst des Abendlands für Hegel romantisch gewesen. Denn wenn ein Künstler unter den Prämissen des Christentums in einem Gemälde z.B. Gott als den Vater, den Sohn und den Geist zur Darstellung bringt, will er ja nicht einem Polytheismus huldigen, sondern weiß und meint, dass jene drei in Wahrheit eins seien. Unmittelbar zur Darstellung bringen kann er diese Wahrheit im Kunstmedium freilich nicht, und dehalb kann er nicht mehr ausschließlich »für die sinnliche Anschauung« des Betrachters »arbeiten« (I, 113), sondern sucht im Werk letztlich dadurch einen geistigen Gehalt zu kommunizieren, dass er jede anschauliche Darstellung *als* Schein des

Wahren erkennbar hält, der etwas zeigt, doch was er zeigt, nicht *ist*.

Hegel hat seine *Vorlesungen über die Ästhetik* in drei Hauptteile gegliedert. Der erste Teil gibt einen Überblick über die Theorie als Ganze; der zweite behandelt die grundlegenden Kunstepochen, die symbolische, klassische und romantische Kunstformen ausprägen. Ein dritter Teil schließlich will zeigen, dass sich auch die einzelnen Kunstgattungen nach dem Schema »Erstreben, Erreichen und Überschreiten des Ideals als der wahren Idee der Schönheit« deuten lassen.

»Die *erste* der besonderen Künste«, mit der Hegel seine diesbezügliche Darstellung beginnt, ist »die schöne *Architektur*« (I, 116), deren »Grundtypus« die »*symbolische* Kunstform« (I, 117) sei. »Ihre Aufgabe besteht darin, die äußere unorganische Natur so zurechtzuarbeiten, dass dieselbe als kunstgemäße Außenwelt dem Geiste verwandt wird.« (I, 116) Sie schafft sozusagen einen geistgerechten, ideenbestimmten Raum, wobei sie auf diese Ideen allerdings prinzipiell nur symbolisch verweist, weil sich in ihrem »Material« und in ihren »Formen« – den materiellen, schweren Massen, »nach den abstrakten Verhältnissen des Symmetrischen geordnet« – »das Ideal als konkrete Geistigkeit [...] nicht realisieren lässt« (I, 116 f.). Das gelingt nach Hegel erst in der Skulptur, die »die *klassische Kunstform* zu ihrem Grundtypus« (I, 118) hat. In ihr – insbesondere im Standbild des Menschen oder, in der griechischen Antike, des Gottes – sei »das geistige Innere, auf welches die Architektur nur hinzudeuten imstande ist«, »in die sinnliche Gestalt und deren äußeres Material« hineingebildet, und zwar so, dass »beide Seiten sich in *der* Weise ineinanderbilden, dass keine überwiegt« (ebd.).

Malerei, Musik und Poesie bilden dagegen nach Hegel den Grundtypus der romantischen Kunstform aus. In allen dreien wird das Ideal, das die Skulptur verwirklichte, überschritten, insofern das materielle Medium, das diese Künste gebrauchen, hinter den darzustellenden Gehalt zurücktritt. Die Malerei »gebraucht« dabei nach Hegel »für ihren Inhalt und dessen Gestaltung die Sichtbarkeit als solche«, nämlich die »Farbe« (I, 120). Diese präsentiert sie – jedenfalls in der Malerei, die Hegel kennen konnte – jedoch nicht um ihrer selbst willen, sondern zum Zwecke des *Sichtbarmachens* von etwas, d.h. dessen, *was* das Bild sehen lässt. »Das Material der Architektur und Skulptur ist«, wie Hegel sagt, »zwar gleichfalls sichtbar und gefärbt, aber es ist nicht wie in der Malerei das Sichtbarmachen als solches« (ebd.), um das es beiden *mittels* der Farbe geht. Architektur und Skulptur, heißt dies, *zeigen* Farbe, aber sie verwenden sie nicht, um dadurch anderes sichtbar werden zu lassen. Das geschieht freilich in der Malerei, bei der die Medialität der Farbe im Bild hinter dem Dargestellten sozusagen unsichtbar wird.

»Die *zweite* Kunst, durch welche das Romantische sich verwirklicht, ist der Malerei gegenüber die *Musik*.« (I, 121) In ihr tritt das Medium noch radikaler hinter dem Gehalt zurück, denn das Material als solches verschwindet hier ganz zugunsten des entstehenden Hörerlebnisses. Der Ton als Ton ist in ihr natürlich durchaus wichtig, doch er verklingt in jedem Augenblick, so dass im Unterschied zur Malerei kein materieller Rest zurückbleibt, der die Aufmerksamkeit vom musikalischen Gehalt abzieht. Die »geistigste Darstellung der romantischen Kunstform« findet man nach Hegel freilich in der »*Poesie*« (I, 122). Spielte in der Musik die Materialität des Kunstwerkes in Form des in jedem Augenblick verklingenden Tons noch eine nicht zu unterschätzende Rolle, so hebt sie sich in der Poesie in Gänze auf. Denn hier ist der »Ton [...] ein für sich bedeutungsloses *Zeichen*«, er wird »zum *Wort* als in sich artikuliertem Laute, dessen Sinn es ist, Vorstellungen und Gedanken zu bezeichnen« (ebd.), denen gegenüber das materielle Zeichen als solches irrelevant

83

ist. Hier, in der Poesie, tritt die Materialität des Zeichens insofern so weit hinter den ideellen Gehalt zurück, dass die Kunst fast schon über sich hinaus ist und »aus der Poesie der Vorstellung in die Prosa des Denkens hinübertritt« (I, 123).

II. Ästhetik im Zeitalter der modernen Kunst

5. Selbstverständlichkeitsverluste in Kunst und Kunsttheorie

Bis heute dienen die Grundlegungen philosophischer Ästhetik bei Baumgarten, Kant und Hegel den meisten ästhetisch-kunstphilosophischen Theorien, die seither ausgebildet wurden, entweder als motivische Steinbrüche oder als Folie einer kritischen Auseinandersetzung. Insofern sind sie mindestens implizit präsent auch noch dort, wo man sich von ihnen absetzt. Und eine Absetzbewegung von diesen Grundlegungen setzte, historisch gesehen, auch bald ein, weil sich nicht zuletzt durch die Entwicklung der Künste seit der zweiten Hälfte des 19. Jahrhunderts zeigte, dass die dargestellten Grundfiguren des ästhetisch-kunstphilosophischen Denkens zwar eine eigenständige philosophische Teildisziplin begründet, aber zugleich auch eine bestimmte Tradition der Kunst, die sich *so* nicht – oder doch nicht ungebrochen – fortsetzen sollte, auf den philosophischen Begriff gebracht hatten. Diese Tradition ist weit älter als philosophische Ästhetik und reicht, was die bildenden Künste betrifft, weit in die Geschichte zurück. Einige ihrer konstitutiven Prämissen sind in Künstlertraktaten immer wieder thematisiert worden, z.B. in Leon Battista Albertis (1404-1472) Traktat *De Pictura* von 1435/36, also jener Schrift, der wir heute nachsagen, die Prämissen des europäischen Bildverständnisses, wie es bis zum Aufbruch der Moderne in der Kunst in Geltung bleiben sollte, zuerst explizit formuliert zu haben. Und in bestimmter Hinsicht lässt sich sagen, dass die junge philosophische Ästhetik den Prämissen dieser Tradition seit der Mitte des 18. Jahrhunderts dann eine philosophische Analyse, Deutung und Begründung gab. Freilich bestätigte die späte philosophische Reflexion dieser Prämissen insofern Hegels bekanntes Wort aus der Einleitung in seine Rechtsphilosophie, dass die »Philosophie« erst dann »in der Zeit« erscheine, wenn »eine Gestalt des Lebens alt geworden« (Hegel 1986, Bd. 7, 28) sei. Denn schon bald nachdem die klassischen Grundlegungen der Ästhetik bei Baumgarten, Kant und Hegel erschienen waren, wandten sich die Künste von einigen dieser alt gewordenen Prämissen ab, und so verloren auch die klassischen Grundlegungen einen großen Teil ihrer Überzeugungskraft, stießen auf Kritik oder forderten theoretische Umbildungen heraus; – und zwar in dem Maße, in dem die alten Selbstverständlichkeiten hinsichtlich der Zwecke und Aufgaben, Erscheinungsformen und Themen der Kunst ihre Verbindlichkeit für die Künste verloren.

Tatsächlich ließe sich die Geschichte der modernen Kunst, wie sie sich seit etwa 1860 von Frankreich aus zu entwickeln begann, als die Geschichte eines zunehmenden Selbstverständlichkeitsverlustes dessen schreiben, was ehemals für konstitutive Merkmale und Momente von Kunstwerken gehalten wurde. Und die Geschichte der neueren Kunstphilosophie bzw. Kunsttheorie ließe sich – gewissermaßen parallel dazu – als Geschichte der Versuche erzählen, diesen Selbstverständlichkeitsverlust zu reflektieren. Bis ins späte 20. Jahrhundert gestaltete sich dieser Prozess in Kunst und Kunsttheorie so radikal, dass Theodor W. Adorno (1903-1969) im ersten Satz seiner posthum erschienenen *Ästhetischen Theorie* formulieren konnte: »Zur Selbstverständlichkeit wurde, dass nichts, was die Kunst betrifft, mehr selbstverständlich ist, weder in ihr noch in ihrem Verhältnis zum Ganzen, nicht einmal ihr Existenzrecht.« (9) Freilich ist es im

Rahmen dieser Einführung nicht möglich, diese Parallelgeschichten auch nur in ihren groben Konturen darzustellen. Hier sei dieser Selbstverständlichkeitsverlust nur am Beispiel zweier – wenn auch an zwei der prominentesten – Theoreme gezeigt, an deren Verbindlichkeit für die Künste vor der Moderne wohl niemand Zweifel hegte.

Schönheit

Die erste dieser kaum je auf ihre Berechtigung hin befragten Selbstverständlichkeiten besteht in der Überzeugung, dass Kunst auf Schönheit verpflichtet sei. Für Alberti, dessen genannter Traktat – wie gesagt – als Kronzeuge für das neuzeitliche, seit dem frühen Quattrocento in Europa maßgebliche Kunstverständnis stehen kann, war dies ebenso evident und begründungsunbedürftig (vgl. Alberti 2000, 299 ff.) wie für Baumgarten, Kant oder Hegel, der sich ja sogar zu betonen genötigt sah, dass seine Wissenschaft der Ästhetik als Philosophie der *schönen* Kunst betrachtet werden müsse. Angesichts der scheinbaren Evidenz dieser Prämisse für eine lange Tradition ist es vielleicht gar nicht so überraschend, wie es manchem erschienen sein mag, dass man in den oben dargestellten drei Grundlegungen philosophischer Ästhetik viel über das Schöne und seine Erfahrung, jedoch über das Hässliche, das doch den Gegenbegriff zum Schönen darstellt, so gut wie nichts erfährt. In der philosophischen Ästhetik wird es erstmals in der *Ästhetik des Hässlichen* von Karl Rosenkranz (1805-1879) in der Mitte des 19. Jahrhunderts zum Thema. Doch auch von Rosenkranz wird der intrinsische Zusammenhang von Kunst und Schönheit letztlich nicht in Frage gestellt. Rosenkranz kann das Hässliche – das Disharmonische, das Rohe, das

Ekelhafte, das Böse, das Diabolische usw. – als Gegenstand der Kunst zwar schon nicht mehr übersehen. Entsprechend klassifiziert er es in seinem Buch hinsichtlich seiner mannigfaltigen Erscheinungsformen, die er allesamt von der »abstrakten Bestimmung der Formlosigkeit«, die »für alles Hässliche überhaupt« (100) gelte, bestimmt sieht. »Nichteinheit, Nichtabgeschlossenheit, Unbestimmtheit der Gestalt«, also »*Amorphie*« und »*Disharmonie*« machten das Hässliche in seinen vielfältigen Erscheinungsweisen aus, wobei man die »verschiedenen Formen des Formlosen [...] auch mit deutschen Ausdrücken als *Gestaltlosigkeit*, als *Ungestalt* und als *Misseinheit* bezeichnen« (62) könne. Doch bleibt für ihn Ästhetik im wichtigsten Sinne gleichwohl noch Philosophie der *schönen* Kunst, denn das Hässliche sei »ein nur *Relatives*« (15), nämlich »das *Negativschöne*« (14), welches vom Schönen, das er hegelianisch als »sinnlich erscheinende[n] Ausdruck der Idee« (36) denkt, abhängig sei. Und so versucht er, doch noch für Begründungen aufzukommen, weshalb dessen faktische Existenz in der Kunst der Zeit nicht als »Widerspruch« dazu erscheint, dass »das Hervorbringen des Schönen« im eigentlichen Sinne ihre »Aufgabe« (35) sei.

Rosenkranz' *Ästhetik des Hässlichen* erschien im Jahre 1853, und die Entwicklung, die die Künste in der zweiten Hälfte des Jahrhunderts nahmen, sollte seinem Versuch, die Kunst mit dieser Aufgabenbestimmung nochmals auf die Hervorbringung von Schönheit einzuschwören, dann bald spotten. Vermutlich der Erste, der aus der zunehmend deutlicher werdenden Erosion des traditionellen Zusammenhangs von Kunst und Schönheit die theoretischen Konsequenzen zog, war der deutsche Kunstphilosoph Konrad Fiedler (1841-1895), obgleich er in den achtziger Jahren des 19. Jahrhunderts, als er seine kunstphilosophischen Hauptschriften verfasste, die Radikalität, mit der in der Moderne die künstlerische Emanzipation vom Ideal der Schönheit später geschehen sollte, noch gar nicht in vollem Umfang überblicken konnte. Und doch durchschaute er die altehrwürdige Behauptung eines intrinsischen Zusammenhangs von Kunst und Schönheit schon damals höchst scharfsichtig als *die* unausgewiesene Voraussetzung aller Ästhetik seit Baumgarten. »Die moderne Ästhetik seit Baumgarten«, notierte er, »ging nicht davon aus, zu fragen, was der Künstler eigentlich tue, indem er Kunstwerke hervorbringe, vielmehr war die Frage die, wie es komme, dass wir eine gewisse Art des Gefallen[s] als Schönheit von anderen Arten des Gefallens unterscheiden.« (II, 16) Oder man fragte, auf welche Weise Kunst das Ideal der Schönheit verwirkliche. »Dass Schönheit Zweck der Kunst sei«, wurde freilich stets *vorausgesetzt*, was Fiedler für »eine willkürliche unbewiesene Annahme« hielt, »die jedes unbefangene Nachdenken über Wesen und Ursprung der Kunst unmöglich machte« (ebd.). Denn ein »Kunstwerk« könne nach Maßstäben ästhetischer Wertschätzung »missfallen und doch gut sein« (II, 13); ja, in gewissem Sinne könne man sogar sagen, dass in der »Überwindung« dessen, was dem konventionellen Auge des Betrachters in lustvoller Beschauung als schön erscheint, »gerade der Beginn der Kunst liegt« (II, 65; vgl. Majetschak 1993b). Die Qualität eines Kunstwerkes, also der »essentiell künstlerische Wert« seiner »Form«, bestehe nämlich nicht darin, ästhetische Lust hervorzurufen, sondern vielmehr »in der durch die Form vermittelten und zum Ausdruck gebrachten Erkenntnis« (II, 23), die er – worauf bald noch näher einzugehen sein wird – als eine durch die Kunst ermöglichte Erkenntnis der Sichtbarkeitsgestalt der Welt dachte. Und sofern es in einer der Kunst gerecht werdenden Theorie darum gehen muss, ihre Erkenntnishaltigkeit zu begreifen, sei »das Grundproblem der Kunstphilosophie« durchaus »ein anderes« als das »Grundproblem der Ästhetik« (II, 10) im klassischen Sinn.

Durch eine solche Unterscheidung der Fragestellungen einer Kunstphilosophie von denen der klassischen Ästhetik werden die Schönheitsbegriffe, die Baumgarten, Kant und Hegel entfaltet hatten, natürlich nicht uninteressant oder gar irrelevant. Wenn es stimmt, wie Fiedler behauptet, dass Kunst (nach noch näher zu betrachtenden Maßstäben) »gut« sein kann, ohne dass ihre Qualität als Schönheit erfahrbar sein muss, werden sie aus der zentralen Stellung, die sie bei diesen Klassikern für die Deutung von Kunst einnahmen, jedoch verdrängt. Und tatsächlich spielten sie in wichtigen kunstphilosophischen Reflexionen des 20. Jahrhunderts nie wieder ihre klassische Rolle, wie man z.B. bei zwei der einflussreichsten Philosophen des 20. Jahrhunderts – Heidegger und Wittgenstein – erkennen kann. Martin Heidegger (1889-1976) hat zwar durchaus noch einen – strukturell an die idealistischen Begriffsbestimmungen Schellings und Hegels anknüpfenden – Begriff von Schönheit, wenn er in seiner Schrift *Der Ursprung des Kunstwerkes* über die sich im Kunstwerk als Unverborgenheit ins Werk setzende Wahrheit eher beiläufig schreibt: »Das ins Werk gefügte Scheinen ist das Schöne. *Schönheit ist eine Weise, wie Wahrheit als Unverborgenheit west.*« (55) Doch für das, was er über das Wesen eines Kunstwerkes zu sagen hat, ist die Tatsache, dass die Mehrzahl von Werken der vormodernen Kunst als schön gelten konnte, letztlich kaum mehr von Bedeutung.

Bei Ludwig Wittgenstein (1889-1951) muss in der Frage, welche Bedeutung er dem Schönheitsbegriff für eine adäquate Philosophie der Kunst zuerkennt, zwischen dem Früh- und dem Spätwerk differenziert werden. Der junge Wittgenstein konnte der altehrwürdigen »Auffassung, [...] das Schöne« sei »der Zweck der Kunst« (21.10.16) in den Notizen seiner *Tagebücher 1914-1916* durchaus noch etwas abgewinnen. Denn er glaubte, dass es den Betrachter von Kunstwerken zu einer ethisch relevanten Veränderung seiner Sicht der Welt zu bewegen vermöge, die ihn die

Welt mit glücklichen Augen betrachten lasse. Das Schöne manifestiere sich nämlich als die spezifische Art und Weise des künstlerischen Zeigens der Welt durch das Kunstwerk, welche eine Perspektive auf die Tatsachen freigebe, wie sie die gewöhnliche Betrachtungsweise des Menschen, allein auf sich gestellt, niemals einnehmen kann. »Die gewöhnliche Betrachtungsweise sieht die Gegenstände« der Welt ja stets »gleichsam aus ihrer Mitte« heraus, kann also allein gar keinen Überblick über die Welt als Ganze oder – was dasselbe heißt – keine Perspektive auf »die Welt sub specie aeternitatis« (7.10.16) gewinnen, in der sie als ethisch akzeptabel und mit Glück erlebbar erscheint. Doch der Kunst gelingt es, wie Wittgenstein meinte, die Dinge auch für eine weltmittige Betrachtungsweise *so* zu *zeigen*, dass sie im Kunstwerk gleichsam »die ganze Welt als Hintergrund [zu] haben« (ebd.) scheinen. »Das Kunstwerk«, so notiert er noch 1930, »zwingt uns« dabei »– sozusagen – zu der richtigen«, ethisch entlastenden »Perspektive« (1984b, 456) auf die Welt, und indem es dies gerade durch seine Schönheit leistet, kann man sagen, das Schöne sei der Zweck der Kunst. Denn »das Schöne ist eben das, was glücklich macht« (1984a, 21.10.16).

Als er sich in seinen Cambridger *Vorlesungen über Ästhetik* des Jahres 1938 (Wittgenstein 2000) dann wirklich eingehender um eine Analyse unseres auf Kunst bezogenen Vokabulars bemüht, rückt er von seiner frühen Behauptung eines Zusammenhanges von Kunst und Schönheit jedoch ab. Tatsächlich geht es ihm im Spätwerk wie auf anderen Gebieten der Philosophie im Gegenteil nun auch im Blick auf Ästhetik gerade darum, das Denken »aus den Zangen gewisser Begriffe [zu] befreien«, die »ganze Zeiten« (1984b, 562) zu immergleichen Denkbewegungen gezwungen haben. Und wie er 1949 notiert, waren im Falle der Ästhetik gerade die Begriffe »›schön‹ und ›Schönheit‹« (ebd.) solche Zangen, die eine gesamte Tradition des Nachdenkens über

Kunst – einschließlich seines eigenen frühen Denkens – gefangen hielten. Auch darauf wird zurückzukommen sein. Doch gilt es zunächst festzuhalten, dass auch Wittgenstein im Spätwerk die ehemals bei den Klassikern der Ästhetik behauptete Bedeutung des Schönheitsbegriffs für eine post-ästhetische Kunstphilosophie revidiert.

Das Erhabene und die moderne Kunst (Lyotard, Newman)

Dass wichtige philosophische Autoren seit dem späten 19. Jahrhundert davon abrückten, Kunst im Lichte ihrer Schönheit zu interpretieren, hat seinen Grund – wie schon angedeutet – sicher nicht zuletzt in der Tatsache, dass sich die Künste *selbst* seit Beginn der künstlerischen Moderne in immer unverkennbarerem Maße von ihrer traditionellen Verpflichtung auf Schönheit emanzipierten. Und selbst wenn die Gründe, die sie dazu veranlassten, im Rahmen einer Einführung in die philosophische Ästhetik nicht eingehender behandelt werden können, dürfte auch so einleuchten, dass eine unter Gegenwartsbedingungen überzeugende philosophische Deutung solcher Kunst dieser Tatsache natürlich Rechnung zu tragen hat. Insbesondere lösten sich die Künste mehr und mehr von klassischen Konzepten der schönen, zweckmäßigen und mit Lust erlebbaren »ästhetische[n] Form«, die – nicht nur im Sinne von Umriss, Zeichnung oder wiedererkennbarer Gestalt, sondern im weitesten Sinne als die »objektive Organisation eines jeglichen innerhalb eines Kunstwerkes Erscheinenden zum stimmig Beredten« (Adorno 1977, 215 f.) – im Laufe der Entwicklung der Moderne zunehmend radikaler zum Gegenstand der künstlerischen Revolte wurde. »Heute«, so konstatierte schon Adorno, »möchten die Künstler ihr ans Leben« (212), und zwar durch formnegierende, anti-kompositorische Maßnahmen verschiedener Art, die in der Kunst des 20. Jahrhunderts oftmals Gebilde hervorbrachten, welche dem Rezipienten die Erfahrung einer sich als »Schönheit« manifestierenden formalen Einheit des Werkes nachdrücklich zu verweigern suchten: so sehr, dass das Wort von den »Nicht-mehr-schönen-Künsten« für sie sprichwörtlich wurde.

Beispiele für solche Formauflösungs- und, wenn man so sagen darf: Schönheitsnegationstendenzen in den Künsten der Moderne kennt man zuhauf, und sie waren es wohl, die den französischen Philosophen Jean-François Lyotard (1924-1998) veranlassten, die Relevanz des Schönheitsbegriffs für die Kunst (und Kunstphilosophie) der Moderne gänzlich in Abrede zu stellen. Gestützt auf das künstlerische Œuvre sowie theoretische Äußerungen des amerikanischen Malers Barnett Newman vertrat er die These, dass nicht eine Ästhetik des Schönen, sondern eine »Ästhetik des Erhabenen«, wie wir sie bei Kant im Grundzug kennen gelernt haben, die »treibende Kraft« hinter der »moderne[n] Kunst (einschließlich der Literatur)« (Lyotard 1996, 22) gewesen sei. Der Begriff des »Erhabenen«, schrieb er in seinem Text *Das Erhabene und die Avantgarde*, charakterisiere »die Weise künstlerischer Sensibilität, die die Moderne kennzeichnet« (Lyotard 2001, 111). Und deshalb sei es »unerlässlich, auf die Analytik des Erhabenen der *Kritik der Urteilskraft* zurückzugehen, wenn man sich eine Vorstellung davon machen will, worum es im Modernismus, in dem[,] was man in der Malerei und Musik Avantgarden nennt, geht« (ebd., 157), wie es in einem Aufsatz mit dem Titel *Nach dem Erhabenen, Zustand der Ästhetik* dann heißt. Die an vielen Beispielen der Moderne unverkennbare Zerstörung der Idee der klassisch-schönen Form stehe nämlich im Dienste genau dessen, wovon Kants »Analytik des Erhabenen« spricht: »das *Formlose*, die *Abwesenheit von Form* als möglichen Index des Nicht-Darstellbaren« zu nutzen, um so – z.B. in der modernen Malerei – auf indirekte Weise doch »[s]ichtbar zu machen, dass es etwas gibt, das man denken, nicht aber« unmittelbar anschaulich »sehen oder sichtbar machen kann« (Lyotard 1996, 24). Solches Undarstellbare – wie Kant gesagt hätte: Unendliche – doch zur Darstellung zu bringen, indem sie sich ästhetischer Genießbarkeit verweigert und so den Gedanken auf im Hintergrund stehende Konzepte lenkt, machte so besehen gerade jene Programmatik der Moderne aus, die ihr von der klassisch-schönen Kunst so dramatisch abweichendes Erscheinungsbild erklärt.

Lyotards Kronzeuge für diese These ist Barnett Newman, mit dessen malerischem Werk er sich mehrfach beschäftigt hat (vgl. auch *Der Augenblick, Newman*, Lyotard 2001, 95 ff.). Newman hat dieses Programm in seinen anti-kompositionellen, oft übergroßen, jedenfalls alle schöne Form im traditionellen Sinne bewusst negierenden Bildern nicht nur betrieben (vgl. dazu – mit Bildbeispielen – Imdahl 1996, 244 ff.), sondern in seinem Text *The Sublime is Now* von 1948 sogar explizit formuliert, in dem er – Lyotards Diagnose vorwegnehmend – davon gesprochen hat, das »Verlangen, das Schöne« zugunsten einer durch das Kunstwerk gezeitigten Erfahrung des Erhabenen »zu zerstören«, sei überhaupt »die Triebkraft der modernen Kunst« (178) gewesen. Newman, der mit den Theorien des Schönen und Erhabenen bei Longinus, Burke und Kant vertraut war, vertritt in diesem Text sogar die radikale These, dass die »Erfindung der Schönheit durch die Griechen, das heißt das Postulat des Schönen als Ideal, [...] schon immer« – nicht erst in der Moderne! – »das Schreckgespenst der europäischen Kunst und ihrer ästhetischen Philosophien« (176) gewesen sei. Diese Behauptung mag man angesichts der bis zum Beginn der Moderne selbstverständlichen Verpflichtung der Kunst auf Schönheit zunächst für abwegig halten. Doch Newman bestreitet sie natürlich nicht, sondern meint gerade, dass die »natürliche Sehnsucht des Menschen, in den Künsten sein Verhältnis zum Absoluten auszudrücken« (ebd.), eben *durch* das Postulat eines Ideals der Schönheit in der Antike auf eine Bahn gelenkt worden sei, die dies tatsächlich unmöglich machte. Für ihn bestanden »keine Zweifel«, dass schon »die griechische Kunst hartnäckig das Gefühl der Erhabenheit durch die perfekte« – schöne – »Form« (177) suchte, doch mittels schöner, überschaubarer Formen könne – wie ja die Ästhetik des 18. Jahrhunderts lehrt – gerade *dies* nicht gelingen, weshalb die bildende Kunst sich seither in einem »Widerstreit zwischen der Idee der Schönheit und der Sehnsucht nach dem Erhabenen« (ebd.) aufreibe. Erst der Moderne sei es gelungen, diesen Widerstreit zu überwinden, und zwar nicht etwa dadurch, dass sie zu einem Ausgleich von Schönem und Erhabenem in einem Kunstwerk kam, sondern dadurch, dass »die Impressionisten«, mit denen Newman wie viele andere die Kunst der Moderne beginnen lässt, die Idee »der Schönheit über Bord warfen« (178) und damit auf für die Moderne exemplarische Weise begannen, die Kunst von *aller* Verpflichtung auf Schönheit zu befreien.

Ob – und wieweit – die Lyotard-Newman-These zur Deutung der Kunst der Moderne in einer kunsthistorischen Perspektive trägt, darf hier offen bleiben (vgl. zu dieser Frage Majetschak 2007a). Im vorliegenden Zusammenhang soll sie nur als Beispiel für einen zeitgenössischen Versuch dienen, einer offenkundig nicht mehr primär an Schönheit interessierten Kunst auch in der kunstphilosophischen Theoriebildung gerecht zu werden.

Nachahmung der Natur

Als ebenso selbstverständlich wie die Verpflichtung der Kunst auf Schönheit galt lange die Auffassung, dass Nachahmung der Natur ihr Hauptzweck sei. Um Nachahmung der Natur, meinte Alberti, müsse sich der Maler mit seinem »ganzen Denken«, seiner »ganzen Sorgfalt« (Alberti 2000, 257) bemühen, wenn es gelte, ein überzeugendes Gemälde zu schaffen, das er im Sinne dieses Prinzips mit einer für das neuzeitliche Bildverständnis prägenden Metapher gleichsam »als offenstehendes Fenster« (225) anzusehen empfahl, durch welches der Betrachter die malerische nachgeahmte Welt selbst zu gewahren glauben kann. Diese These über den Zweck der Kunst wird häufig als *Mimesis*-Theorie der Kunst bezeichnet und mit dieser Bezeichnung – weit hinter Alberti zurück – auf die *Poetik* des Aristoteles als ihren historischen Ursprung zurückgeführt. Tatsächlich hatte Aristoteles in den dichtungstheoretischen Überlegungen dieser Schrift, wenn auch nicht alle, so doch einige Künste, nämlich das Epos, die Tragödie, die Kömödie und die Dithyramben-Dichtung, aber auch das Aulos- und Kitharaspiel, als »nachahmende Darstellungen« [*mimeseis*] (1447a) bezeichnet. Und obgleich schon oft und zu Recht darauf hingewiesen wurde, dass er damit wohl *nicht* so etwas wie eine illusionistische Widerspiegelung der sichtbaren Welt durch die Kunst gemeint haben kann (vgl. z.B. Heinemann 2005, 27), wurde gerade dies seit der Antike zumeist als Qualitätsmerkmal aller als »mimetisch« verstandenen Künste gelobt. Davon künden zahlreiche, teils bis weit in die Neuzeit hinein tradierte Mimesis-Legenden, die dazu dienten, den illusionistischen Naturalismus von Kunstwerken zu preisen. Von ihnen sind die Erzählung, nach der die Skulptur der Aphrodite des Praxiteles auf Knidos so lebensecht erschienen sei, dass sich ein Jüngling in sie verliebt (und an ihr befriedigt) habe (vgl. Hinz 1998), sowie die bei Plinius berichtete Geschichte von der Malerei des Zeuxis, der »so erfolgreich gemalte Trauben ausgestellt« habe, dass sie angesichts ihrer naturalistischen Erscheinung Vögel zu täuschen vermochten (Plinius 1997, § 65 f.), sicher die bekanntesten. Solche und andere Erzählungen rühmten die gelingende, von den Betrachtern mit Lust gewahrte Mimesis einer Kunst, die dem Programm der Nachahmung der Natur seit der Antike in unterschiedlich starkem Maße verpflichtet war.

Doch daran, dass »Nachahmung als die Geschicklichkeit, Naturgestalten, wie sie vorhanden sind, auf eine ganz entsprechende Weise nachzubilden, den wesentlichen Zweck der Kunst« ausmache »und das Gelingen dieser der Natur entsprechenden Darstellung« dem Betrachter »die volle Befriedigung« (I, 65) verschaffe, daran hatte schon Hegel in seinen *Vorlesungen über die Ästhetik* Zweifel. Mit den überkommenen Mimesis-Legenden vertraut, wusste er natürlich, dass »die gemalten Weintrauben des Zeuxis« in der ihnen nachgesagten illusionistischen Perfektion »von alters her für den Triumph der Kunst und zugleich für den Triumph des Prinzips von der Nachahmung der Natur« gegolten haben, »weil lebende Tauben dieselben sollen angepickt haben« (I, 66). Doch »Kunstwerke zu loben, weil sie *sogar* Tauben [...] getäuscht« (ebd.) hätten, kam ihm zu Recht fragwürdig vor. Kunstwerke wenden sich ja nicht primär an Tauben, sondern an die Anschauung und den Intellekt des Menschen, dem illusionistische Kunststücke allein, selbst wenn sie nicht nur Tauben, sondern auch ihn zu täuschen vermögen, über ein vielleicht singuläres Erstaunen hinaus wohl kaum volle Befriedigung böten. Wenn Kunst überhaupt das Interesse eines denkenden Menschen soll beanspruchen können, müsse der »Zweck der Kunst [...] deshalb noch in etwas anderem als in der bloß formellen Nachahmung des Vorhandenen liegen, welche in allen Fällen nur technische Kunst*stücke*, nicht aber Kunst*werke* zutage fördern kann« (I, 69).

Gegen die Auffassung, dass Nachahmung der Natur generell der Zweck und das Maß ihres Gelingens ein Qualitätsmerksmal von Kunst sei, hat Hegel in seinen Vorlesungen noch manches eingewandt, z.B. dass dieses Prinzip rein formell, also vollständig gehaltleer sei und es bestenfalls für »die *Malerei*« und »die *Skulptur*« gelte, »dagegen Werke der *Architektur*, die auch zu den *schönen* Künsten gehört, ebensowenig als Werke der *Poesie*, insofern diese sich nicht etwa auf bloße Beschreibung beschränken, keine Nachahmungen der Natur zu nennen« (ebd.) seien; – und anderes mehr. Gleichwohl wird sie in Gestalt der Forderung einer Bezugnahme von Kunst auf wiedererkennbare Gegenständlichkeit bis heute immer wieder vorgetragen, insbesondere von jenen, die der so genannten »abstrakten«, nicht mehr figurativen Kunst der Moderne mit Skepsis gegenüberstehen.

Kunst über Kunst (Greenberg)

Um solche Skeptiker hat sich die Kunst der Moderne freilich kaum geschert und sich in einigen ihrer wichtigen Strömungen vom Programm einer Nachahmung der Natur mehr und mehr abgewandt. Diese Abkehr vollzog sich natürlich nicht abrupt, und sie hat, zumindest anfangs, in ihren Werken auch nicht unbedingt einen Verzicht auf identifizierbare Gegenständlichkeit bedeutet. Vielmehr bestand sie in eigentümlicher Weise darin, dass sich die Künste in zunehmendem Maße (auch) *sich selbst* zuzuwenden begannen, um sich in den Werken mit Problemen der Kunst selbst zu befassen. So jedenfalls hat es der amerikanische Kunsttheoretiker und -kritiker Clement Greenberg (1909-1994) gesehen, der in seinen Texten *Avantgarde und Kitsch* von 1939 und *Modernistische Malerei* von 1960 (beide in Greenberg 1997) durch eine solche Selbstzuwendung den eigentlichen »Modernismus« der modernen Kunst charakterisiert sieht.

Für den Modernismusbegriff, den beide Texte entfalten, ist eine spezifische kultur- und kunsthistorische Diagnose zur Lage der Künste in der zweiten Hälfte des 19. Jahrhunderts entscheidend. Dieser Diagnose zufolge hatte die zu dieser Zeit in allen Lebensbereichen sich vollziehende technische und gesellschaftliche Modernisierung neben anderen gesellschaftlichen Teilbereichen auch die Künste, insbesondere die von Greenberg primär ins Auge gefasste Malerei, in eine tiefgreifende Legitimationskrise gestürzt. Diese habe, kurz gesagt, für die Künste darin bestanden, angesichts radikal veränderter gesellschaftlicher Bedingungen, nicht zuletzt angesichts des seinerzeit nicht mehr übersehbaren Verlusts alter »Gewissheiten« hinsichtlich dessen, *was* Kunst zu sein und zu leisten habe, die sich früher »aus Religion, Autoritäten, Tradition und Stil« (30) ergaben, ihre Ziele und Aufgaben *aus ihnen selbst heraus* neu begründen zu müssen. Zudem dürfte – was Greenberg merkwürdigerweise kaum eines Wortes würdigt – die in Künstlerkreisen des späten 19. Jahrhunderts viel diskutierte Entwicklung der Photographie als technisches Bilderzeugungsmedium, das die altehrwürdige Aufgabe einer Nachahmung der Natur im Bild weit besser zu erfüllen schien als alle bildende Kunst, zu dieser Legitimationskrise an der Schwelle zur Moderne beigetragen haben. Denn die Entbindung der Künste von ihren traditionellen Aufgaben und Verbindlichkeiten erzwang seitens der Künstler nun eine radikale Besinnung auf die Bedingungen, Möglichkeiten und Ziele des eigenen künftigen Tuns; eine Besinnung, die sich nach Greenberg allerdings nicht primär im Medium des theoretischen Diskurses, sondern vor allem *im Medium der Kunst selbst* vollzog. Man begann, die konstitutiven Faktoren der Kunst mit den Mitteln der Kunst selbstkritisch auszuloten, wodurch die »Verfahren«, Prozesse und Bedingungen ihrer Entstehung »selbst zum Thema der Kunst und Literatur« (35), d.h. zum primären *Gegenstand* der künstlerischen Auseinandersetzung wurden.

Genau diese reflexive, selbstkritische Wendung einer Disziplin auf sich selbst versteht Greenberg nun als spezifisch »modernistisch«. »Das Wesen des Modernismus«, schreibt er, liege »darin, die charakteristischen Methoden einer Disziplin anzuwenden, um diese Disziplin ihrerseits zu kritisieren – nicht um sie zu untergraben, sondern um ihre Position innerhalb ihres Gegenstandsbereichs zu stärken«; und zwar gerade so, wie Kant, in dem er »den ersten wirklichen Modernisten« sieht (265), die Reichweite und die Grenzen der Vernunft in der *Kritik der reinen Vernunft* in selbstkritischer Wendung *mittels* der Vernunft selbst ausgemessen und befestigt habe. Ebenso habe eine unter Legitimationsdruck gesetzte Kunst, z.B. als Malerei, die Möglichkeitsbedingungen von Bildern schließlich *in* Bildern auszuloten begonnen.

Dabei bedeutete die Selbstzuwendung der Kunst zu Beginn der Moderne für Greenberg primär eine Untersuchung ihrer jeweiligen medialen Bedingungen. »Picasso, Braque, Mondrian, Miró, Kandinsky, Brancusi«, schrieb er, »auch Klee, Matisse und Cézanne beziehen ihre hauptsächliche Inspiration aus dem Medium, in dem sie arbeiten.« (35) Sie alle versuchten in der Malerei, die wesentlichen medialen Eigenschaften, die ein Bild *als* Bild konstituieren, dem Betrachter vor Augen zu stellen, und dies heißt für Greenberg insbesondere, dass sie die »Flächigkeit des Bildträgers« (268) betonten, die für ihn die Wesenseigentümlichkeit eines Gemäldes ausmacht. »Die realistische oder naturalistische Kunst«, die das Bild seit Alberti als offenes Fenster zur Welt aufgefasst hatte, »pflegte« nach Greenberg »das Medium zu verleugnen, ihr Ziel war es, die Kunst mittels der Kunst zu verbergen; der Modernismus« hingegen »wollte mittels der

Kunst auf die Kunst aufmerksam machen. Die einschränkenden Bedingungen, die das Medium der Malerei definieren – die plane Oberfläche, die Form des Bildträgers, die Eigenschaften der Pigmente –, wurden von den alten Meistern als negative Faktoren behandelt, die allenfalls indirekt eingestanden werden durften.« (267 f.) Als eigenständige Erscheinungsfaktoren eines Bildes sollten sie gar nicht augenfällig werden, sondern zugunsten der räumlich-figürlichen Illusion gegenständlicher Wirklichkeit unsichtbar bleiben. »Der Modernismus betrachtete dieselben Einschränkungen als positive Faktoren, die nun offen anerkannt wurden.« (268) Mehr noch: Es galt geradezu, sie im Bilde zu thematisieren.

»Indem man« solche bildlichen Erscheinungsfaktoren »veranschaulichte, prüfte« man nach Greenberg nämlich »zugleich, wie unverzichtbar sie sind.« (272) Und so trat die Kunst der Moderne jenen teils reduktiven, teils abstraktiven Weg an, auf dem kaum einer der ehemals als gattungskonstitutiv erachteten Faktoren unbefragt blieb: etwa »die Norm des Rahmens als eingrenzende Form«, »Normen der Farbtextur und der Helligkeits- und Farbkontraste« (ebd.) etc., etc. – all dies kam immer wieder, immer radikaler auf den Prüfstand der malerischen Selbstreflexion. »Gewisse Faktoren, von denen wir früher annahmen, dass sie für das Erschaffen und die Erfahrung von Kunst essentiell seien, haben sich« dabei im Prozess der Moderne als entbehrlich erwiesen, da »die modernistische Malerei ohne sie auskommen kann und doch« dem Betrachter »weiterhin alle wesentlichen Aspekte der Erfahrung von Kunst bietet.« (277) Oft glaubten einzelne Künstler, den Prozess der Moderne an ein unüberbietbares Ende geführt zu haben. Und doch konnte Greenberg noch 1960 betonen, dass der reflexive Prüfprozess der Moderne »noch keineswegs beendet«, sondern »im Laufe der Zeit«, ohne absehbares Ende, »immer eingehender geworden« (272) sei.

Kommentarbedürftigkeit (Gehlen, Kosuth)

Auch in der Moderne, also unter Bedingungen eines stetig zunehmenden Selbstverständlichkeitsverlustes hinsichtlich des vertrauten Erscheinungsbildes von Kunst, konnten (und können!) Kunstwerke natürlich immer noch schön, naturnachahmend oder anderes sein, was man lange für ein selbstverständliches Merkmal ihres Kunstcharakters hielt. Doch hatte sich bereits in den zehner Jahren des 20. Jahrhunderts gezeigt, dass es prinzipiell *überhaupt keine* in der Sache fundierten Eigenschaften – also weder irgendwelche materiellen noch irgendwelche phänomenalen Eigenschaften wie Schönheits- oder Mimesisqualitäten – zu geben braucht, durch die sich künstlerische von nicht-künstlerischen Artefakten unterscheiden. Denn Kunstwerke und profane Alltagsgegenstände können im Grenzfall gänzlich erscheinungsgleich sein, wie die so genannten *Ready-Mades* von Marcel Duchamp deutlich machen; im Falle einer Arbeit wie *In advance of the broken arm* aus dem Jahre 1915 z.B. einfach deshalb, weil sie nicht etwa eine Schneeschaufel in vollendeter Mimesis im Werke zur Erscheinung brachte, sondern weil sie schlicht aus einer gewöhnlichen Schneeschaufel bestand, die Duchamp für seine Zwecke ausgewählt hatte.

Kunstwerke wie Duchamps *In advance of the broken arm*, die *alle* tradierten Selbstverständlichkeiten hinsichtlich des Erscheinungsbildes von Kunst negieren und deshalb für manche Betrachter bis heute provozierend wirken, *solche* Werke sind in der Moderne nicht selten. Sie fordern zu Fragen wie ›Ist *so etwas* Kunst?‹ oder ›Warum ist *das* Kunst?‹ heraus und machen dadurch deutlich, dass Kunst eine ziemlich kommentarbedürftige Sache ist. Allein auf der Basis des bloßen Augenscheins, oder wie Duchamp sagen würde: allein aufgrund einer bloß »retinalen« (vgl. Harrison/Wood 1998, 873) Betrachtung lassen sich solche Kunstwerke gar nicht rezipieren. Wenn überhaupt, erschließen sie sich dem Betrachter erst vor dem Hintergrund eines Kommentars, der ihre historische Identität als ›Kunstwerke‹ offenlegt (siehe dazu Majetschak 2012).

Vermutlich einer der Ersten, der auf diese Tatsache hinwies, war der deutsche Soziologe und Anthropologe Arnold Gehlen (1904-1976), der in seinem Buch *Zeit-Bilder. Zur Soziologie und Ästhetik der modernen Malerei* (1960) die Rede von der »Kommentardürftigkeit« (162) der modernen Kunst in den kunstphilosophischen Diskurs des 20. Jahrhunderts einführte. Hier machte er darauf aufmerksam, dass sich Kunstwerke der Moderne unkommentiert vielfach gar nicht bzw. oftmals mindestens nicht angemessen rezipieren lassen. Dabei hatte Gehlen nicht einmal so radikale Werke wie Duchamps *In advance of the broken arm* im Blick. Vielmehr bezog er sich exemplarisch auf die für einen heutigen Betrachter so vertraute kubistische Malerei, die er mit einem Ausdruck des Galeristen Daniel-Henry Kahnweiler, der viele kubistische Maler ausgestellt hatte, als eine Form von ›konzeptueller Malerei‹ betrachtete. Mit der Rede von ›konzeptueller Malerei‹ meinte er dabei, dass in diese Malerei »eine Überlegung eingegangen« sei, »welche erstens den Sinn der Malerei, *ihren Daseinsgrund gedanklich legitimiert* und zweitens aus dieser bestimmten Konzeption heraus *die bildeigenen Elementardaten definiert*« (75). Ohne diese Überlegung zu kennen, d.h. genauer: ohne mit der kubistischen Theorie des Bildes vertraut zu sein, der zufolge das Bild eine multiperspektivische Ansicht der dargestellten Sache präsentieren soll, bleibe ein kubistisches Kunstwerk dem Betrachter weitgehend unverständlich. Die im Hintergrund stehenden Überlegungen und Theorien der Künstler müssen dem Betrachter darum durch Kommentierung vermittelt werden, damit dieser überhaupt einen Zugang zur Sichtbarkeitsgestalt des Werkes finden kann.

In dem Maße, in dem eine Kunstrichtung tatsächlich wie der Kubismus eine explizite Konzeption realisiert, sind – wie Gehlen meinte – »völlig angemessene und deckende Kommentare möglich« (163), die die visuelle Erscheinung der Werke erklären. Solche Kommentare schaffen dann die notwendigen Hintergrundinformationen über die Gründe des So-und-nicht-anders-Seins der Sache herbei, und sie dürfen als angemessen oder sachadäquat gelten, wenn sie die auktorialen Entscheidungen oder programmatischen Überlegungen aufdecken, denen sich die Sichtbarkeitsgestalt der Werke verdankt. »Steht dagegen eine Richtung« einer artikulierbaren Konzeption ferner, »so muss der Kommentar unscharf werden und endlich ins Schwimmen geraten, bis zu dem Grenzfall hin, wo er sich in reine Rhetorik auflöst, weil das Bild objektiv keine sachlich umgrenzbaren Worte hergibt, da es keine beschreibbaren Elemente mehr enthält« (ebd.), wofür Gehlen tachistische Bilder als Beispiel dienten. Die Kommentare neigten dann dazu, zu jenen gehaltsfreien Formen des lyrischen »Ansingens« (ebd.) an die Präsenz der Werke zu regredieren, die bis heute jedem Leser von Kunstjournalen bekannt sein dürften. Doch wie präzise sich der Kommentar dem Werk auch immer anzunähern vermag: Wichtig war Gehlen die Einsicht, dass solche Kommentare, ja die »gesamte Literatur« zur modernen Kunst »zum *Wesen der Sache selbst*« gehöre; sie sei, so betonte er, »aus inneren Gründen substanzieller *Bestandteil* der Kunst« (ebd.).

Gehlens Diagnose wurde einige Jahre später durch einen Text des amerikanischen Konzeptkünstlers Joseph Kosuth (geb. 1945) mit dem Titel *Art after Philosophy* (1969; dt. in Harrison/Wood 1998) von künstlerischer Seite bestätigt, ja sogar noch radikalisiert. Im Blick auf jene modernistische Kunst, die sich im 20. Jahrhundert in ihren Werken primär mit kunstinternen Problemen befasste, betonte er in diesem Text nachdrücklich, dass »man mit zeitgenössischer Kunst« und ihr zugrunde liegenden Konzepten »vertraut sein« müsse, »um sie zu beurteilen und zu verstehen« (1035). Im Angesicht solcher Kunst bedürfe es also eines sie offenlegenden Kommentars, um die Gegenstände überhaupt als ›Kunstwerke‹ betrachten zu können. Kosuth glaubte, dass dies am Beispiel der in der bildenden Kunst jener Jahre »reichlich« verwendeten »Kasten- oder Kubusform« deutlich werde, wofür er Arbeiten von »Judd, Morris, LeWitt, Bladen, Smith, Bell und McCracken« anführte – »ganz abgesehen von der Menge an Kästen und Kuben, die danach kamen« (1037). All diese Objekte seien überhaupt »nur Kunst, wenn man sie in einen Kunstzusammenhang stelle« (ebd.) und im Blick auf diejenigen Probleme erörtere, die in Kunstkontexten diskutiert werden, wie er insbesondere am Beispiel von Skulpturen von Donald Judd veranschaulichte. »Man kann sagen«, meinte Kosuth wohl zu Recht, »dass eine von Judds Kastenformen, sähe man sie mit Abfall gefüllt in einer Industrieumgebung oder auch nur an einer Straßenecke aufgestellt, nicht mit Kunst identifiziert würde« (ebd.). Und selbst wenn man sich entschließt, einige von Judds Kästen als ›Kunstwerke‹ aufzufassen, weil man sie in einer musealen Umgebung sieht, selbst in diesem Fall muss man zudem mit einigen Theorien von Donald Judd vertraut sein, die er in seinen künstlerischen Manifesten dargelegt hat. Denn die dort dargelegten Theorien machen überhaupt erst verständlich, weshalb er seine Kästen für einen seinerzeit logischen Schritt in der Entwicklung der modernen Kunst zu halten vermochte. Wer diese Theorien nicht kennt oder wem sie nicht wenigstens in Form von entsprechenden Kommentierungen nahegebracht werden, der sieht, wenn er diesen Kästen gegenübersteht, nicht das ›Kunstwerk‹, das Judd zu schaffen beabsichtigte.

In Kosuths Sicht wird an Judds Arbeiten insofern exemplarisch deutlich, dass stets eine »Vorabinformation über den Begriff von Kunst und über die Konzeptionen eines Künstlers [...] notwendig« sei, »um zeitgenössische Kunst zu beurteilen und zu verstehen« (ebd.). Einer ausschließlich einem vermeintlich ›reinen‹ Sehen vertrauenden Kunstrezeption erschließt sie sich nicht. Im Gegenteil; wie Kosuth meinte, lässt sich am Beispiel von Judds Kästen gerade erkennen, »dass ihr Verständnis und ihre Auffassung als Kunstwerke der Betrachtung *apriorisch* vorausliegen« (ebd.).

Genie

Die Emanzipation der Künste von ihren traditionellen Zweckbestimmungen in der Moderne bedeutete für eine Kunstphilosophie, die den Verlust der alten Selbstverständlichkeiten nicht nur betrauern, sondern sich diesen Tendenzen stellen wollte, neue Antworten auf die Frage nach Sinn und Zweck, ja überhaupt nach dem philosophischen Interesse der Kunst geben zu müssen. Und die – mindestens in philosophischer Hinsicht – wichtigste, die seither gegeben wurde, war vielleicht die, dass Kunst eine spezifische Form von Erkenntnis sei, die sich in ihren Werken auf nicht propositional verfasste Weise verkörpere. Doch um diesen Gedanken wirklich präzise denken und Kunst gewissermaßen als eine eigene Rationalitätsform begreifen zu können, musste sich die Kunstphilosophie zunächst von jenem Bild vom Künstler verabschieden, das viele der einflussreichsten Ästhetiken des 18. Jahrhunderts lancierten, indem sie den Künstler als »Genie« betrachteten.

Nicht zuletzt unter dem anhaltenden Einfluss Kants in aestheticis gilt das Bild vom Künstler als »Genie« vielen bis heute als nachgerade selbstverständlich. Als es im 18. Jahrhundert aufkam, um mit diesem Ausdruck die rational nicht begreiflich zu machende, vielmehr auf Inspiration zurückgehende Kreativität des Künstlers zu charakterisieren, betonte man freilich einen Charakterzug des künstlerisch befähigten Menschen, der in der älteren Kunsttheorie noch eine untergeordnete Rolle spielte. Zwar war auch dort – wie später dann in der Genietheorie – von der »Phantasie« und »Inspiration« des Künstlers, von seiner Erfindungskraft, ja (etwa in den kunsttheoretischen Vorreden Giorgio Vasaris zu seinen Künstler-Viten von 1550/1568 im Blick auf Michelangelo) sogar von »seiner göttlichen Schaffenskraft« (Vasari 2004, 103) die Rede, doch sollte man sich davor hüten, all diese Begriffe bereits dort schon genietheoretisch auszudeuten, wie jüngere kunsthistorische Forschungen zum kunsttheoretischen Vokabular der Renaissance gezeigt haben (vgl. die Kommentierungen ebd., 224 und 272). Man kann sogar fragen, ob es das, was der Geniebegriff dem Künstler im 18. Jahrhundert mit der Betonung seiner außerrationalen Innovationskraft unterstellt, in der älteren Kunsttheorie auch nur der Sache nach gegeben hat. Denn es herrschte keineswegs die Meinung, dass die schönen Bilder der Kunst primär der Inspiration des genialen Künstlers entsprängen, vielmehr nahm man an, dass die Kunst – mit Dürer bewusst verkürzt formuliert – in der Natur selbst stecke. Und »wer sie heraus kann reißen der hat sie« (Dürer 1993, 198), wie es in einer seiner berühmtesten Bemerkungen heißt (vgl. ausführlicher Majetschak 2006a).

Solches Herauslösen von Bildern aus der Natur dachte die ältere Kunsttheorie – und Alberti kann hier wiederum als Beispiel dienen – als einen durchaus rationalen, d.h. regelgeleiteten Prozess etwa im Akt des Malens, bei dem sich der Künstler an Regeln orientiert, über die ihn Kunsttheorie zu unterrichten vermag. Denn Kunsttheorie in Albertis Sinne erörtert nichts anderes als die Methoden, mit deren Hilfe diese Aufgabe der Malerei gelöst werden kann. Damit dies gelinge, muss der Maler nämlich »*in allen freien Künsten*« – ihren Regeln und Techniken – »wohlunterrichtet« sein, insbesondere aber über »Kenntnis der Geometrie« (Alberti 2000, 293) verfügen, um imstande zu sein, ein Gemälde perspektivisch korrekt zu konstruieren. Weil die Malerei, wenn sie beherrscht wird, nur *als solche* »eine geradezu göttliche Kraft in sich« (ebd., 235) birgt, selbst das Abwesende und Vergangene als lebendig präsent zu vergegenwärtigen, wird der zu ihr befähigte Künstler von Alberti »als zweiter Gott« (ebd., 237) gefeiert, *nicht* aber aufgrund seiner subjektiven Schöpfungs- bzw. Erfindungskraft. Von all dem, was man später als Eigenschaften des künstlerischen Genies preisen wird, ist hier noch nichts zu finden.

Im 18. Jahrhundert verändert sich dieses Bild vom letztlich rational verfahrenden Künstler bekanntlich dramatisch. Jetzt erst wird er zum innovativen Genie stilisiert, das *allein von sich aus* Neues und Schönes hervorbringt, wobei von manchen Autoren nun sogar im Bruch mit allen überkommenen Kunstregeln der eigentliche Ausdruck der individuellen Genialität eines Künstlers gesehen wird (vgl. Schmidt 1985, 1, 96 ff.). Diese Neu- bzw. Umdeutung des Künstlers geschieht, indem die Metapher vom Künstler als »zweitem Gott«, die bei Alberti noch gänzlich auf die unvergleichliche Vergegenwärtigungskraft von Gemälden als solchen bezogen war, nun als Behauptung einer Parallele zwischen göttlicher und künstlerischer Schöpfungskraft aufgefasst (vgl. Schmidt 1985, 1, 129 f. und 193 ff., mit entsprechenden Belegen) und die individuelle Befähigung des einzelnen Künstlers, im dezidierten Rückgriff auf Motive der platonischen Dichtungstheorie im *Ion*, in eine außerrationale Gabe verlegt wird: z.B. in eine Inspiration durch eine gleichsam »göttliche Kraft« (533d), von der in einer primär an Kunstregeln interessierten Theorie wie derjenigen Albertis noch gar nicht die Rede war. Als »Genie« wird der Künstler jetzt sozusagen zum Günstling Gottes, wenn man – wie Schelling – seine zur künstlerischen Produktion befähigende Gabe als »Genius, das inwohnende Göttliche des Menschen« (Schelling 1985b, 288) bezeichnet, oder doch mindestens zum »Günstling der Natur« (Kant 1968, 318), sofern man wie Kant glaubt, solche Begabung als eine naturale Anlage einzelner Menschen explizieren zu können. Er vermag etwas aus dem dunklen Quell der Inspiration zu schöpfen, was keine rationale Regelanwendung hervorbringen kann: das schöne Kunstwerk.

Dass der Geniebegriff als Korrektiv zu einer Kunstwerke auf Gestaltungsregeln zurückführenden Kunsttheorie durchaus sein begrenztes Recht hat, bekannte sogar Edgar Zilsel (1891-1944), sein schärfster Kritiker, der einer im späten 19. Jahrhundert quasi religiöse Züge annehmenden Genieverehrung entgegentrat. »Dass für den Künstler«, so schrieb er in seinem Buch *Die Geniereligion* (1918), »echtes Gefühl und ursprüngliche Begabung wichtiger sind als äußere Regeln, dass das Kunstwerk kein Produkt des rechnenden Verstandes ist und die Kunst sich nicht von einem jeden erlernen lässt, dass nicht Nachahmung, sondern Originalität dem Künstler ziemt, das alles sind Wahrheiten, die heute zu Gemeinplätzen geworden sind, die aber in vergangenen Zeiten so wenig anerkannt waren, dass der Geniebegriff entstehen musste, um ihnen Geltung zu erkämpfen. Wenn also diese Wahrheiten in der Neuzeit einen völligen Sieg erkämpft haben über die mittelalterliche Auffassung, die die Kunst teils zur Wissenschaft, teils zum Handwerk rechnen, aber immer für völlig lehrbar erklären will, so ist dies vor allem der enthusiastischen Vorstellung von einem *Genius* des Künstlers zu verdanken, die zur Zeit des Barock, um die Mitte des 16. Jahrhunderts, zum erstenmal aufgetaucht ist und sich im 17. und 18. Jahrhundert weiterentwickelt hat.« (179) Als Korrektiv zu älteren Formen der Regelästhetik hat er nach Zilsel freilich seine Zeit gehabt. Als angemessenes Bild vom Künstler sei er dagegen abzuschaffen, wie er angesichts der von ihm vehement kritisierten »Dogmatik der Genieverehrung« (59) des späten 19. Jahrhunderts meinte.

Wie Zilsel sind dann im 20. Jahrhundert viele vom Bild des Künstlers als Genie abgerückt. Heidegger z.B. sah im Kunstwerk-Aufsatz die Auslegung des »Schöpferische[n] [...] im Sinne der genialen Leistung des selbstherrlichen Subjektes« als eine Missdeutung des »moderne[n] Subjektivismus« (78) an. Und auch Adorno, der in seiner *Ästhetischen Theorie* am Geniebegriff durchaus treffende von unzutreffenden Aspekten zu unterscheiden sucht, sieht, dass dieser Begriff dazu tendiert, einer Auseinandersetzung mit Kunst als »Kitschbiographik der Künstler« (256) Vorschub zu leisten. Angesichts vieler Attribute, die er ihnen zuschreibt, wurde er deshalb nicht zuletzt aus der Perspektive dessen, der mit der wirklichen Arbeit des Künstlers *jenseits* mythischer Verklärung vertraut ist, auch schon mit ätzendem Spott überzogen, weil er – nicht zuletzt durch die Betonung der Unexplizierbarkeit und Außerrationalität des künstlerischen Schaffens – ein Zerrbild der Tätigkeit des Künstlers zeichne. In einem Text, den Friedrich Wolfram Heubach für Sigmar Polke – einen Künstler, der sich in seinem Werk vielfach ironisch mit den Mythen auseinandersetzte, die das künstlerische Genie umranken – verfasst hat, wird in diesem Sinne z.B. darauf hingewiesen, dass alles, was man bis heute unter dem Einfluss der Genietheorie über den Künstler sagt, eigentlich weit besser auf die Kartoffel zutrifft. »Ja«, so heißt es hier, »wenn es überhaupt etwas gibt, auf das all jenes zutrifft, was immer wieder am Künstler diskutiert wird: Innovationsfreude, Kreativität, Spontaneität, Produktivität, das Schaffen ganz aus sich heraus, usw. – dann ist es die Kartoffel: Man sehe nur, wie sie da, im dunklen Keller liegend, ganz spontan zu keimen beginnt und in schier unerschöpflicher Kreativität Keim um Keim innoviert, und wie sie – ganz hinter ihrem Werk zurücktretend – bald unter ihren Trieben verschwindet und dabei die wunderlichsten

Gebilde erschafft! [...] – ja, was wir hier walten sehen, das ist wahres Schöpfertum, ist wirkliche Vollendung!

Kurz: All das, was das Publikum sich immer wieder vom Künstler verspricht, und der es so wenig zu erfüllen weiß, – die Kartoffel zeigt es überreich! Warum also wendet sich das Kunstpublikum nicht endlich der Kartoffel zu – hier würde ihm doch endlich Erfüllung zuteil!« (Heubach 1997, 293)

Natürlich ist diese Bemerkung in gewisser Hinsicht ein Scherz. Doch liegt ihr ernst zu nehmender Kern darin, dass sie aus der Perspektive des Künstlers dazu auffordert, die Deutung künstlerischer Kreativität als Genialität in Gänze zu verabschieden. Denn, so sagt sie, das überkommene Bild vom unaufhörlich originellen, aus nicht intentional beeinflussbaren Zuständen heraus schaffenden Subjekt passt vielleicht auf alles Mögliche, *nicht* aber auf die wohlverstandene Tätigkeit des Künstlers. Vor allem macht es dieses Bild – gerade *weil* es die bildnerische Arbeit des Künstlers in einen qualitativen Gegensatz zu allen Formen *rationaler, regelorientierter* Weltorientierung bringt – unmöglich, diese Arbeit als eine Form von Erkenntnisarbeit und die Kunst als solche als eine eigenständige, der diskursiven Rationalität der Wissenschaften komplementäre Rationalitätsform des Menschen auch nur ins Auge zu fassen.

Von Kunstphilosophen, die mit Künstlern und den Künsten vertraut waren, wurde dies natürlich schon im 19. Jahrhundert so gesehen. Konrad Fiedler beispielsweise, dessen kunstphilosophische Grundgedanken im nächsten Kapitel skizziert werden, verstand wohl, dass die Arbeit des Künstlers »denen, die seines Strebens und seiner Fähigkeit nicht teilhaftig sind, wie abwesend und wie von Mächten geleitet, deren er sich selbst unbewußt ist« (I, 177), erscheinen müsse. »Der Künstler aber«, so betonte er dagegen, »weiß sehr genau, was er will und was er tut. Wenn er an seine Tätigkeit geht, so macht er keineswegs einen gewaltsamen Sprung aus dem Bereiche bewußter Tätigkeit in die Sphäre von Lebensäußerungen, die den Menschen als ein vernunft- und willenloses Werkzeug geheimnisvoller Eingebungen erscheinen lassen.« (Ebd.) Denn so sieht es nur aus für den, der die immanente Rationalität der künstlerischen Handlungen am Werk verkennt.

6. Kunst, Erkenntnis, Wahrheit

Kunst unter Gesichtspunkten von Erkenntnis und Wahrheit zu sehen – und wohl nur unter diesen ist sie für die Philosophie letztlich von Interesse –, dies haben im 19. und 20. Jahrhundert insbesondere Konrad Fiedler, Martin Heidegger und Theodor W. Adorno getan. Dabei legten sie – dies ist unumwunden zuzugestehen und in systematischer Perspektive auch zu beachten – durchaus unterschiedlich nuancierte Begriffe von Erkenntnis und Wahrheit zugrunde, die freilich je nach ihrer Akzentuierung auch für eine heutige Kunstphilosophie anschlussfähig bleiben dürften.

Kunst als Erkenntnisarbeit an Sichtbarkeit (Fiedler)

In seiner 1887 erschienenen Schrift *Über den Ursprung der künstlerischen Tätigkeit*, die zweifellos als die wichtigste innerhalb seines schmalen kunstphilosophischen Œuvres gelten kann, hat sich Konrad Fiedler wohl als einer der Ersten in der Geschichte der neueren Kunstphilosophie herauszuarbeiten bemüht, dass die Tätigkeit des bildenden Künstlers als eine bewusste Erkenntnisarbeit zu deuten sei, mit der er an die Seite des Wissenschaftlers rücke. Denn während Letzterer sich um eine begriffliche Deutung der Welt bemüht, gehe es dem Künstler um eine sinnlich basierte, in Kunstwerken zum Ausdruck gelangende Erkenntnis der Sichtbarkeitsgestalt der Welt.

Für denjenigen, der das menschliche Sehen ausschließlich als eine mechanische Widerspiegelung des objektiven Angesichts der Welt durch Licht auf der Netzhaut des Auges zu deuten geneigt ist, ist diese fiedlersche These sicher weitgehend unverständlich. Denn wer das Sehen – etwa in naturwissenschaftlicher Perspektive – so denkt, für den muss ja die volle Erkenntnis der sichtbaren Welt als mit jedem Augenblick gegeben gelten. Doch »das Sehen«, schrieb Fiedler, »ist kein mechanischer Akt« (II, 368), ist wohlverstanden eben keineswegs mit einer photographischen Widerspiegelung der Welt vergleichbar. Darüber könne uns eine unvoreingenommene Phänomenologie des Sehens belehren, die zeigt, dass mindestens das alltägliche Sehen dem Menschen gar kein genaues Wissen, gar kein deutliches und festes Bild vom Aussehen der Welt zu verschaffen vermag. Sein anschauliches Bewusstsein der Welt ist in der Regel unentwickelt, denn auf die Sichtbarkeit der Welt achten die meisten Menschen nur bis zu dem Punkt, an dem sie sie unter Begriffe zu bringen vermögen. Und so haben sie kaum ein Bewusstsein davon, wie die Dinge aussehen. Die Sichtbarkeitsgebilde, die sie sich im Zuge eines zeitlichen Prozesses der Augenbewegung, also sozusagen des visuellen Abtastens der Dinge aneignen, entschwinden ja tatsächlich in jedem Moment, so dass das Sehen über so etwas wie ein fixiertes Anschauungsbild, das man als die im Sehen gegebene visuelle Identität eines plastisch präsenten Gegenstandes betrachten könnte, gewöhnlich gar nicht verfügt. Zudem ist das alltägliche, unausgebildete Sehen des Menschen – wie Fiedler auch sagt: »die Durchschnittsanschauung der Menge« – nach seinem Befund großenteils von »unbewussten Konventionen« (II, 154) und »Formeln« (II, 123) anschaulicher Auffassung geprägt, die bestimmen, was als die Gestalt der sichtbaren Welt jeweils gilt. Und erst wenn man diese Unentwickeltheit und Konventionalität des alltäglichen Gesichtsbilds des Menschen gewahrt, kann man nach Fiedler verstehen, woran der Künstler ein genuines Interesse nimmt. Ihm geht es um eine konkretisierte, verdeutlichte und in sich gefestigte Erkenntnis des Aussehens der Welt, die er in Kunstwerken zum Ausdruck, genauer gesagt: zur Sichtbarkeit bringt.

So verstanden lässt sich das »Wesen der Kunst« dann »im Grunde auf eine sehr einfache Formel bringen: Erhebung aus dem unentwickelten, verdunkelten Zustand des anschaulichen Bewusstseins zu Bestimmtheit und Klarheit. Aus dieser einfachen Fomel lässt sich alles ableiten.« (II, 48) Sie besagt nämlich, dass die künstlerische Tätigkeit gerade dort ansetze, wo die unentwickelte Anschauung des Alltagssehens aufhört (vgl. I, 172) und als eine bewusste »Arbeit des Sehens« (I, 146) ein Wissen um die visuelle Erscheinung der Welt im Kunstwerk überhaupt erst zu verwirklichen und – für den Künstler und den Betrachter – zur Sichtbarkeit zu bringen trachte. Dabei ist für Fiedler die Einsicht entscheidend, dass die künstlerische »Entwickelung des Sehprozesses« (I, 168) nicht als von der formativen Tätigkeit der künstlerischen Hand am Material ablösbar gedacht werden darf, sondern vielmehr gerade *durch sie* geschieht. Bloßen Auges sieht er nicht etwa besser oder deutlicher als der Nicht-Künstler; vielmehr vermag die Tätigkeit seiner Hand »das fortzusetzen, was das Auge begonnen hat« (I, 174). So kann ihm gelingen, was der Nicht-Künstler, allein auf sich gestellt, niemals vermag: im Kunstwerk ein deutliches und in sich gefestigtes Bewusstsein von der Ansichtigkeit der Welt herauszuarbeiten.

Einem Werk, dem dies gelingt, kann man mit den altehrwürdigen Vorstellungen, wonach Kunst auf »Schönheit« und »Nachahmung der Natur« verpflichtet sei, natürlich nicht einmal entfernt gerecht werden. Tatsächlich wird es sich ja dort, wo es von dem, was alltägliches Sehen zu gewahren vermag, signifikant abweicht und vielleicht einen neuen, bisher nie beachteten Aspekt der sichtbaren Welt zeigt, von vertrauten Darstellungskonventionen unterscheiden. Und doch kann es, wie wir oben gesehen haben, »gut« sein, ohne dem Betrachterauge zugleich als »schön« zu erscheinen. Wenn sie von Rang ist, bietet in diesem Sinne »gute« Kunst nach Fiedler nämlich »Naturoffenbarungen« (I, 259) für den, der durch sie die Wirklichkeit neu zu sehen lernt. Denen, die dies vermögen, vermittelt die Kunst dann Erkenntnis und »öffnet« so »der Welt die Augen« (II, 88), weil sie Darstellungen hervorbringt, in denen auch der Nicht-Künstler das Wesen des Sichtbaren ausgedrückt finden kann. Deshalb liegt die »Bedeutung hervorragender Künstler« nach Fiedlers Auffassung auch nicht darin, dass sie als genialische Individuen lustvoll genießbare Schönheiten oder staunenswerte Darstellungen dessen, was man konventionellerweise für das Aussehen der Welt hält, hervorbringen, sondern »darin, dass sie mit den Mitteln ihrer Kunst dem erkennenden Bewusstsein des Menschen *Neues* zuführen« (II, 42). »Epochemachend« ist diese dann, wenn sie »der Welt eine neue Seite abgewinnt und somit die Welt durch eine neue Art der Anschauung«, durch andere als die gewohnten Darstellungsweisen »bereichert« (II, 43), die auch die überkommenen Vorstellungen davon, wie die Welt aussieht, modifizieren.

Fiedlers Theorie der künstlerischen Tätigkeit als eines eigentümlichen Erkenntnisprozesses, als einer Fortsetzung des Sehens mit den Mitteln der künstlerischen Hand, hat auf Künstler, die am Projekt der künstlerischen Moderne beteiligt waren, eine nicht unbeträchtliche Wirkung gehabt, weil sie einige ihrer eigenen künstlerischen Ziele in ihr artikuliert finden konnten (vgl. Majetschak 2003 und 2009). Bei Philosophen und Kunsthistorikern hat sie dagegen bis heute wenig Wirkung gezeigt (zum Forschungsstand vgl. die Beiträge in Majetschak 1997). Ein Grund dafür mag darin zu finden sein, dass Fiedlers Kunstphilosophie keinen Begriff des Kunstwerkes entfaltete, ja dass sie das einzelne Kunstwerk, das stets nicht mehr als eine *bestimmte* Stufe der künstlerischen Klärungsarbeit verkörpert, angesichts ihrer objektiven Unabschließbarkeit sogar als unbedeutenden, »tote[n] Besitz« (I, 183) betrachtete. Vor dem Hintergrund des Selbstverständlichkeitsverlustes der Künste in der Moderne wollten Philosophen wie Kunsthistoriker jedoch wissen, was für eine Art von Ding ein Kunstwerk sei, d.h. anhand welcher Merkmale man dessen Sein von demjenigen profaner Alltagsdinge abgrenzen könne. Anders ausgedrückt: Man stellte die Frage, was ein Kunstwerk ontologisch konstituiere, die Fiedler gänzlich außer Acht gelassen hatte.

Das Sich-ins-Werk-setzen der Wahrheit im Kunstwerk (Heidegger)

Vielleicht am nachdrücklichsten hat Martin Heidegger in seiner Schrift *Der Ursprung des Kunstwerkes*, die aus Vorträgen in Freiburg, Zürich und Frankfurt am Main aus den Jahren 1935/36 hervorgegangen und 1950 in einem *Holzwege* betitelten Band kleinerer Schriften erstmals publiziert worden ist, in einer solchen Perspektive die Frage nach der Kunst gestellt. Und dabei hat er zugleich die grundlegenden Schwierigkeiten reflektiert, die sich ergeben, wenn man solchermaßen nach dem Sein von Kunstwerken fragt. Wie Heidegger im ersten Teil des Kunstwerk-Aufsatzes einsichtig zu machen versucht, hängen sie damit zusammen, dass wir immer schon ein bestimmtes, geschichtlich tradiertes Vorverständnis vom Sein (oder wie man mit größerer Nähe zum alltäglichen Sprachgebrauch auch sagen kann: vom Wesen) des uns umgebenden Seienden haben, das uns, auf Kunstwerke angewandt, das Eigentümliche ihres Werkcharakters gar nicht sehen lässt. Im Blick auf die Tradition des europäischen Denkens ist es z.B. eine »bekannte Tatsache, dass schon von altersher, sobald die Frage gestellt war, was das Seiende überhaupt sei, die Dinge in ihrer Dingheit sich als das maßgebende Seiende immer wieder vordrängten« (13). Fest in dieser Tradition verwurzelt, sind wir deshalb darüber, dass die Welt ontologisch basal aus *Dingen* bestehe, sozusagen immer schon vorverständigt, und so verwundert es nicht, dass auch die philosophische Ästhetik Kunstwerke bis heute primär als eine bestimmte Art von Dingen – etwa als symbolisch oder allegorisch mit Sinn geladene Dinge (vgl. 10) – zu deuten versuchte. Einen solchen dingontologischen Zugang zu Kunstwerken weist Heidegger jedoch zurück. Dass alle Werke – Gemälde, Skulpturen, auch Gedichte und Romane oder Musikstücke, wenn wir sie als gedruckte Texte oder erschallende Klanggebilde vor uns haben – etwas Dinghaftes an sich haben, bestreitet natürlich auch er nicht. Doch will er zeigen, dass eine Betrachtung von Kunstwerken unter dem leitenden Gesichtspunkt ihrer Dinghaftigkeit das Wesen von Kunst keineswegs aufhellt, sondern den Zugang »zum Werkhaften des Werkes« (24), d.h. zu dem, was das Sein jenes mit dem Ausdruck »Kunstwerk« bezeichneten Seienden ausmacht, eher verstellt. Denn die dominanten Dingbegriffe der philosophischen Tradition stellten »Vorgriffe« (24) – man könnte auch sagen: Vorurteile oder Vorverständigungen – auf bzw. über das Wesen der Werke dar, die es uns gar nicht mehr erblicken lassen.

Worin dieses Wesen demgegenüber tatsächlich bestehe, dies entwickelt Heidegger in seiner Schrift nicht begrifflich-argumentativ, vielmehr inszeniert er argumentationsstrategisch geschickt den Anschein, es seinem Begriff nach aus der konkreten Erfahrung eines Kunstwerkes gewinnen zu können. Er geht von der Interpretation eines van-Gogh-Gemäldes aus, das ein Paar Schuhe zeigt. Und an dessen Beispiel versucht er dann zu demonstrieren, dass das Werk-Sein von Kunstwerken darin bestehe, dass in ihnen »ein Geschehen der Wahrheit am Werk« (30) sei. Anders als beispielsweise ein nicht-künstlerisches Bild bringe das Gemälde nämlich nicht bloß irgendein Seiendes, den gezeigten Bildgegenstand, zur Darstellung, sondern sei – indem es ihn in einen bestimmten Sinnhorizont einrücke – zugleich »die Eröffnung dessen, was das Zeug, das Paar Bauernschuhe«, welches Heidegger auf dem Bild identifizieren zu können glaubt, »in Wahrheit *ist*« (ebd.). Es lasse, so Heideggers Deutung des Gemäldes, die Wahrheit, dass das »Sein des Zeuges« seine »Verlässlichkeit« sei, »in die Unverborgenheit« (ebd.) heraustreten. Der Betrachter erfahre diese Wahrheit *durch* das Bild. Und insofern ein solches Geschehen-Lassen von Wahrheit Kunstwerke, die diesen Namen verdienen, generell auszeichne, kann Heidegger schreiben: »So wäre denn das Wesen der Kunst dieses: das Sich-ins-Werk-setzen der Wahrheit des Seienden.« (Ebd.)

Wenn Heidegger im Zuge der weiteren Argumentation des Kunstwerk-Aufsatzes diese Hauptthese näher ausarbeitet, geht es ihm natürlich nicht mehr um relativ uninteressante Wahrheiten wie die, dass das Wesen des Zeuges seine Verlässlichkeit sei. Vielmehr interessiert ihn die Kunst in philosophischer Perspektive überhaupt nur darum, weil sie ihm – neben der »Philosophie« und der »staatgründende[n] Tat« (62) – als eine der Weisen gilt, das, was dem Menschen epochal als die Wahrheit des Seienden im Ganzen erscheint, geschichtlich zu eröffnen. Was das Seiende im Ganzen grundlegend und in Wahrheit, jedenfalls allem besonderen Urteil vorausliegend *sei*, etwa von Gott Geschaffenes und als Schöpfung zu Wahrendes im Mittelalter oder »rechnerisch beherrschbare[r] und durchschaubare[r] Gegenstand« (79) in der Neuzeit, *dies* ist den Menschen ja in allen Epochen in bestimmtem, wenn auch unterschiedlichem Sinne erschlossen und »unverborgen«, wie Heidegger sagt, weil ihm daran gelegen ist, einsichtig zu machen, dass »das *Wesen* der Wahrheit« überhaupt als »Unverborgenheit« (48) zu denken sei. Und in Anlehnung an diese Auslegung von Wahrheit kann Heidegger statt von der »Eröffnung« (30) der Wahrheit des Seienden durch das Kunstwerk auch davon sprechen, das ihm eigene Wahrheitsgeschehen bestehe darin, »Unverborgenheit als solche im Bezug auf das Seiende im Ganzen geschehen« (55) zu lassen. Jedenfalls die bedeutenden unter ihnen geben Perspektiven auf das Seiende frei, die auf epochenprägende Weise dem Menschen zur Orientierung darüber dienen, wie ihre Welt im Ganzen zu verstehen sei.

Im Kunstwerk-Aufsatz bemüht sich Heidegger herauszuarbeiten, wie sich die »Gestalt« (64) eines Kunstwerkes ebenso wie dessen Gehalt, als welcher die je ins Unverborgene gerückte Wahrheit betrachtet werden kann, aus dem Zusammenspiel zweier Momente ergibt, die er als die »zwei Wesenszüge des Werkes« (39) heraushebt: dem Aufstellen von Welt und dem Herstellen der Erde, wie er diese Wesenszüge mit seiner im Lichte der traditionellen Ästhetik gewiss als fremdartig zu bezeichnenden Terminologie nennt. Dass das »Werksein« eines Kunstwerkes in einem seiner Wesenszüge »heißt: eine Welt aufstellen« (40), meint dabei nichts anderes als das oben bereits Gesagte, dass nämlich ihr Darstellungspotenzial nicht im bloßen Darstellen von etwas aufgeht, sondern dass es das je Dargestellte zugleich in einen Sinnhorizont, anders ausgedrückt: in den Orientierungsraum einer Welt einrückt, z.B. den jener bäuerischen Welt, die Heidegger in van Goghs Gemälde von Schuhen aufgehen sieht. »Indem das Werk eine Welt aufstellt, stellt es« jedoch gleichursprünglich »die Erde her«, wobei die Rede von »Herstellen [...] hier« – wie Heidegger betont – »im strengen Sinne des Wortes zu denken« (43) sei; nicht als Produzieren oder Erzeugen, sondern als ein Hierher-stellen im Sinne von In-den-Blick-rücken, welches – als zweiter Wesenszug des Werkes – von diesem selbst ausgeht. Dass das Kunstwerk die Erde herstelle, meint nämlich, dass es sich in jener medial-materiellen Präsenz – dem Leuchten einer Farbe, der schweren Massigkeit eines Steins oder Ähnlichem – in den Blick des Betrachters rücke, die die je eröffnete Welt trägt.

Dabei sind die im Kunstwerk sich eröffnende Welt und die sie tragende Erde auf eine komplexe Weise miteinander verwoben, die Heidegger mit einer seiner gelegentlich geheimnisvoll anmutenden Formulierungen zu kennzeichnen sucht, indem er schreibt: »Die Welt gründet sich auf die Erde, und Erde durchragt die Welt.« (46) »Indem« nämlich – dies ist die eine Seite – »eine Welt sich öffnet, kommt die Erde« allererst wirklich »zum Ragen« (63), wird sie allererst im eigentlichen Sinne für den Blick des Betrachters *her*-gestellt. Was ihm als mediale Präsenz des Werkes sich zeigt, hat seine jeweilige Qualität ja nur innerhalb der im Werk eröffneten Welt. Nur in der bäuerischen Welt, die van Goghs Gemälde in Heideggers Deutung eröffnet, hat das Braun der Schuhe auf dem Bild »das Feuchte und Satte des Bodens« (27). Blickten wir auf dieselbe Farbe auf der Palette des Malers oder an anderem Orte, erschiene sie dem Blick vielleicht völlig belanglos, würde sich jedenfalls nicht mit *den* Qualitäten zeigen, die sie in dieser Welt hat. Die andere Seite ist aber: Die Welteröffnung im Kunstwerk gründet sich zugleich auf die *so und nicht anders* sich zeigende Erde, so dass sich diese umgekehrt auch »als das alles Tragende« (63) erweist, auf das sich das Werk gewissermaßen »zurückstellt« (43). Ließen sich die Farben des Bildes anders sehen, es eröffnete das Werk eben gar nicht dieselbe Welt, so dass die Erde, die gerade noch als bedingt durch die Welt erschien, sich nun als deren Bedingung erweist.

Aus dem Zusammenspiel beider Wesenszüge, das man aufgrund des wechselseitigen Voraussetzungscharakters beider füreinander als ein dialektisches zu bezeichnen versucht ist, denkt

Heidegger die »Einheit« (47) des Kunstwerkes. Denn es handle sich dabei um eine im Werk selbst aufzudeckende, es durchwaltende Spannung. Heidegger charakterisiert sie als ein »Gegeneinander von Welt und Erde« und versucht, das werkinterne Spannungsverhältnis als einen »Streit« (46) einsichtig zu machen. Und mit dem Ausdruck »Streit« ist das, was im Zusammenspiel beider Wesenszüge im Kunstwerk geschieht, tatsächlich recht gut beschrieben. Von jedem sinntragenden Element innerhalb eines Kunstwerkes, z.B. von einem jeden Pinselstrich auf einem Gemälde, lässt sich ja sagen, es trage den Streit der gegenläufigen Momente in sich aus. Denn jedes Element steht im Werk im Spannungsverhältnis von beidem, ist in unterschiedlichem Maße Welt eröffnend und als Erde sich zeigend zugleich.

Allein dort, wo Wahrheit im Zusammenspiel beider Wesenszüge so ins Werk gesetzt und für einen Betrachter erfahrbar wird, haben wir es nach Heidegger mit einem Kunstwerk zu tun. Wie das Ding, das solches geschehen lässt, objektiv beschaffen sein müsse und wodurch es sich von Dingen, die nicht als Kunstwerke gelten, unterscheide, lässt sich jedoch gar nicht sagen. Und dies zeigt für Heidegger, dass man das, was Kunstwerke ausmacht, überhaupt nicht von ihrer Dinghaftigkeit her erfassen kann. Natürlich sind insbesondere Werke der bildenden Kunst gewöhnlich auch als Gegenstände anzusehen. »Was jedoch an dem als Gegenstand genommenen Werk so aussieht wie das Dinghafte im Sinne der geläufigen Dingbegriffe, das ist, vom Werk her erfahren, das Erdhafte des Werkes« (70), seine im Lichte einer Welt sich zeigende und in den Blick rückende materielle Präsenz. Werke der bildenden Kunst haben sie, aber sie allein macht ihren Kunstcharakter nicht aus. Und so kann man mit Heidegger, aber in der Formulierung doch über ihn hinausgehend, sagen, alles könne letztlich Kunstwerk sein, sofern nur in ihm ein Geschehen der Wahrheit am Werk sei.

Inwieweit Heideggers Kunstdenken beanspruchen kann, nicht nur für Werke der klassischen, sondern auch der modernen Kunst gültige Interpretamente zu liefern, ist in der Forschung umstritten (vgl. dazu Pöggeler 2002). Freilich kann man sagen, dass er mit dem zuletzt dargestellten Ergebnis seiner Überlegungen der im Laufe der Entwicklung der Kunst der Moderne immer deutlicher werdenden Tatsache doch mindestens implizit Rechnung trägt, dass es gar kein besonderes Merkmal zu geben scheint, das geeignet wäre, Dinge als Kunstwerke auszuweisen. Kunstwerke *können* in der Moderne schön sein, aber sie *müssen* es nicht, um als Kunst zu gelten; sie können Natur zur Darstellung bringen, aber sie können sich auch mit ganz anderem befassen. Nichts, was einst als selbstverständliches Merkmal von Kunstwerken gegolten hat, lässt sich heute noch als notwendige Bedingung für den Kunstcharakter von Werken erweisen.

Die mimetische Rationalität der Kunst (Adorno)

Wie wir weiter oben bereits betont haben, geht auch Theodor W. Adornos posthum veröffentlichte *Ästhetische Theorie* von einem solchen Selbstverständlichkeitsverlust aus. Und dieser Verlust veranlasst ihn, anders als Baumgarten, Hegel oder Heidegger nicht mehr zu fragen, was Kunst ihrem philosophischen Wesensbegriff nach sei, sondern vielmehr, was sie unter Gegenwartsbedingungen überhaupt noch sein *könne*, d.h., ob ihr in einer Welt, in der sie alle Selbstverständlichkeit verlor, noch eine Funktion zukomme. Dass sich ein allgemeiner philosophischer Begriff der Kunst überhaupt formulieren lasse, bezweifelt er. »Kunst«, heißt es, »hat ihren Begriff in der geschichtlich sich verändernden Konstellation von Momenten«, in der sie auftritt; »er sperrt sich der Definition« (11). Und wenigstens dieser These über den Begriff der Kunst werden heute viele, wenn nicht die meisten zustimmen wollen.

Diskursive versus mimetische Rationalität. Freilich hat Adorno in der *Ästhetischen Theorie* durchaus so etwas wie einen allgemeinen Charakterzug aller Kunst thematisiert, wenn er herausarbeitete, inwiefern sie Erkenntnis- und Wahrheitsansprüche manifestiere, ja neben der uns vertrauten, in begrifflichen und propositionalen Formen sich ausdrückenden diskursiven Rationalität geradezu einen eigenständigen Typus von Rationalität auspräge, der sich gegenüber der diskursiven zugleich kritisch und komplementär verhalte. Diesen suchte er in Anlehnung an die aristotelische Rede von »Mimesis« (86 u.ö.) dadurch zu charakterisieren, dass sich Kunstwerke nicht wie Urteile mittels Begriffen subsumtiv, sondern *mimetisch*, gleichsam bildlich präsentierend, auf ihre Gegenstände bezögen. Urteile ordnen die Dinge der Welt Begriffen unter, setzen somit Verschiedenes im Lichte der allgemeinen Begriffe *gleich*, wenn sie die individuellen Erscheinungen in der Welt *als etwas* qualifizieren. Kunstwerke machen *sich* dagegen der Welt ihrer Bezugnahme wie Bilder gleich, selbst wenn sie neue Aspekte an ihr betonen. Wenn Adorno sie als mimetisch charakterisiert, will er damit also nicht sagen, dass sie als bloße Nachahmungen, gar als platte Abspiegelungen vorhandener Wirklichkeit zu verstehen seien. Das hatte, wie oben gesagt, ja wohl schon Aristoteles nicht gemeint, wenn er in seiner *Poetik* einige Kunstformen als »nachahmende Darstellungen« [*mimeseis*] (1447a) bezeichnete. Und für Adorno gilt dies tatsächlich in noch weit stärkerem Maße. Wenn er den *mimetischen* Charakter von Kunst betont, will er mit diesem Ausdruck vielmehr das eigentümliche *Sich-Angleichen* des Werkes an das zu Zeigende (vgl. 169), d.h. jenes gewaltlose Sich-den-Dingen-Anverwandeln des Kunstwerkes hervorheben, welches die künstlerische Erkenntnis und Darstellung der Welt im Unterschied zur begrifflich-propositionalen auszeichnet. Letztere, so kann man in Adornos Perspektive sagen, bemächtigt sich dessen, was sie zu begreifen trachtet, denn sie behandelt als gleich, was realiter in der Welt höchst unterschiedlich und je für sich mit dem Begriff gar nicht identisch ist. Und für den damit zweifellos verbundenen Gewinn an Orientierung in der unübersichtlichen Mannigfaltigkeit der Dinge zahlt diskursive Rationalität Adornos Diagnose zufolge den Preis, dem realen Nicht-Identischen als solchem in jedem Akt der begrifflichen Identifikation stets auch *nicht* gerecht, ja ihm gegenüber tendenziell sogar zur Gewalt zu werden.

Dieser Tendenz, die Adorno in der *Ästhetischen Theorie* und anderen Schriften auch hinsichtlich ihrer politischen und kulturellen Implikationen ausbuchstabiert, ist mit den Mitteln begrifflich-diskursiver Rationalität niemals zu entkommen. Dies gelingt nach Adorno vielmehr nur der Kunst, in der ein mimetisches, sich dem Nicht-Identischen anverwandelndes Verhalten zu den Dingen in einer von diskursiver Rationalität beherrschten Welt die letzte »Zuflucht« (86) findet. Denn im Unterschied zur »Gewalttat der Rationalität«, die in aller begrifflichen Gleichsetzung tendenziell liegt, versucht die »Kunst« in all ihren Erscheinungsformen, dem begrifflich »Unterdrückten das Seine widerfahren zu lassen« (209). Sie »komplettiert« nämlich begriffliche »Erkenntnis um das von ihr Ausgeschlossene« (87), weil sie jenes Individuelle auf nicht-identifizierende Weise zur Erscheinung bringt, das der Begriff nie erreicht. Dies geschieht im Kunstwerk, indem sich dessen sinnliche Gestalt der Sache, von der es handelt, auf andere als begriffliche Weise als affin zeigt. Und solche »nichtbegriffliche Affinität des« im Werk »subjektiv Hervorgebrachten zu seinem Anderen« ist es nach Adorno, die »Kunst als eine Gestalt der Erkenntnis und insofern ihrerseits als ›rational‹« (86 f.) bestimmt. Denn die Rationalität ihrer Gebilde besteht darin, dass deren innere Logik, affin der der Logik der Sache, etwas an ihnen zur Erscheinung bringt.

Dass Kunstwerke, obgleich sie gemäß den Kritierien diskursiver Rationalität »weder begrifflich sind noch urteilen«, dennoch auf ihre Weise »logisch«, d.h. von immanenter »Konsequenz« (205) bestimmt sind, wird zweifellos jeder zugeben, der über eine gewisse Erfahrung des Umgangs mit ihnen verfügt. »Dass, in Zeitkünsten« wie der Musik, »dies oder jenes aus etwas folge«, eine Variation etwa aus einem Eingangsmotiv, eine solche Redeweise ist nach Adorno deshalb »kaum metaphorisch« (ebd.), vielmehr ganz wörtlich zu nehmen. »Eines soll« im Kunstwerk »aus dem anderen hervorgehen, nicht bloß in den Zeitkünsten; die visuellen«, etwa Malerei und Bildhauerei, »bedürfen nicht weniger der Konsequenz.« (Ebd.) Ein Bildelement bedingt ein anderes; eine Farbe verlangt nach ihrer Komplementärfarbe usw. Und dass solchermaßen ein nur als »konsequenzlogisch« zu bezeichnendes Prinzip in den Werken herrscht: genau »das ist der rationale Aspekt der Kunstwerke« (ebd.).

Anders als die Logik des diskursiven Denkens ist die »Logik der Kunst« natürlich »ein Schlussverfahren ohne Begriff und Urteil«, was aus der Sicht der Ersteren – Adorno weiß dies – als »paradox« (ebd.) erscheint. Zudem muss man sagen, dass die Relationslogik, die zwischen den Elementen einer Konfiguration in Kunstwerken herrscht, »allen Einzelereignissen und Lösungen eine unvergleichlich viel größere Variationsbreite gewährt als sonst die Logik«, weshalb Adorno sie eher mit der »Traumlogik« (206) vergleichen wollte, die Sigmund Freud freizulegen versucht hatte, als mit jenem Kanon von Urteils- und Schlussbildungsregeln, den wir gewöhnlich als Logik bezeichnen. Und doch weisen die inneren Beziehungen innerhalb der Konfigurationen in Kunstwerken einen Grad von nachvollziehbarer Folgerichtigkeit und Stimmigkeit auf, der es gestattet, hier von der inneren »Logik der Kunstwerke« (208) zu sprechen.

Aufgrund der inneren Logik der Werke, die – nochmals gesagt: affin der Logik der Sachen – etwas an ihnen zur Erscheinung bringt, ist »Kunst« für Adorno eine Form von »Rationalität, welche diese« in ihrer diskursiven Form »kritisiert«, jedoch »kein Vorrationales oder Irrationales« (ebd.), wie z.B. die Genietheorie des künstlerischen Subjekts insinuiert. Denn »begriffsähnlich ohne Begriff« (148) sprechen Kunstwerke mittels ihrer inneren Logik über die geschichtliche Wirklichkeit, der sie entstammen, und lassen sich wie »Schriften« (189) lesen, weshalb Adorno oft von ihrem »Sprachcharakter« (249) schlechthin reden kann, der zu ihrer Interpretation dränge. Sie artikulieren darin ihren Wahrheitsanspruch, für den die Einsichten diskursiver Rationalität allein kein Maßstab sind. »Die Wahrheit der Kunstwerke haftet« nach Adorno vielmehr »daran, ob es ihnen gelingt, das mit dem Begriff nicht Identische, nach dessen Maß Zufällige in ihrer immanenten Notwendigkeit zu absorbieren« (155), wie er mit einer bemerkenswert präzisen Formulierung sagt. Denn Kunstwerke sind nicht »wahr«, indem sie die Gegenstände ihrer Bezugnahme unter sich subsumieren wie Begriffe, sondern indem ihre interne Konfiguration sie gleichsam *in sich* zum Ausdruck bringt.

Ästhetische Form. Die interne Konfiguration eines Kunstwerkes ist das, was man traditionellerweise als dessen »Form« bezeichnet. In ihr schlägt sich die einer mimetischen Rationalität eigene Logik objektiv nieder, weshalb Adorno das, was in den Künsten »Form heißen darf«, als den »Inbegriff aller Momente von Logizität oder, weiter, Stimmigkeit an den Kunstwerken« (211) definiert. Sie, die Form, konstituiert ihre »ästhetische Einheit« (ebd.) und geht im Sinne dieser Definition nicht auf in dem, was man z.B. in Bildern als Umriss- oder Zeichnungsform des Dargestellten kennt. Was Adorno hier mit Form meint, ist auch nicht auf so etwas wie die »Anordnung vorgegebener Elemente«

oder »mathematische Relationen« von Größen, Volumen, Linien usw. »zu reduzieren« (214). All dies sind natürlich Dimensionen von Form, doch in Adornos weitem Sinne, den wir weiter oben schon einmal erwähnten, dem zufolge »ästhetische Form« als »die objektive Organisation eines jeglichen innerhalb eines Kunstwerkes Erscheinenden zum stimmig Beredten« (215 f.) zu bestimmen sei, gehören auch Momente im Kunstwerk dazu, die man traditionellerweise nicht zur Form gerechnet hätte: z.B. Partien in den Bildern einer ungegenständlichen Malerei, auf denen sich für einen Betrachter gar keine identifizierbare Form zeigt, oder Spuren von Kontingenz, etwa unbeabsichtigte Verschmutzungen oder Verwischungen, die ja – in der Moderne seitens der Künstler oft als Werkmoment akzeptiert – zweifellos zur ästhetischen Einheit des Kunstwerkes beitragen. Zur Form in Adornos Sinne gehört schließlich auch, was das Werk sich versagt, was es z.B. aus dem Reservoir einer tradierten Formsprache meidet, denn auch dies bestimmt seine innere Logik auf konstitutive Weise mit.

Vom Gelingen der Form hängt für Adorno die Stimmigkeit und damit letztlich auch das Gelingen des Kunstwerkes als eines solchen ab. Und unter dem Gesichtspunkt des Gelingens oder Misslingens von Kunst kann er die »Form« dann als »die wie immer auch antagonistische und durchbrochene Stimmigkeit der Artefakte« verstehen, »durch die jedes, das gelang, vom bloß Seienden sich scheidet« (213) und sprechend wird. Dass ein solcher Formbegriff angesichts der von ihrem Selbstverständlichkeitsverlust gezeichneten Künste der Moderne nachgerade altmodisch erscheinen könnte, war Adorno sehr wohl klar. Tatsächlich wusste kaum jemand besser als er, in welch starkem Maße sich die Kunst der Moderne von der Idee der (schönen) Form abgewandt hatte, wie wir im Kapitel über das Erhabene und die moderne Kunst bereits gesehen haben. Und er wusste natürlich zudem, dass die Künste im Laufe der Entwicklung der Moderne in immer stärkerem Maße damit verbundene Konzepte wie Werkeinheit, Harmonie, ästhetischer Schein usw. über Bord geworfen hatten, weil sie auf eine aus künstlerischer Selbstreflexion gewonnene, authentische, sich dem kontingenten Walten der realen Welt nicht verschließende Kunst gar nicht mehr zu passen schienen. Denn die formale »Durchbildung der Kunstwerke terminiert« unvermeidlicherweise im (schönen) »Schein« (160), letztlich einem Surrogat von Sinn, den die Moderne angesichts einer unaufhörlichen Folge von Katastrophenerfahrungen im Laufe des 20. Jahrhunderts nur noch als Lüge zu sehen in der Lage war. Und so ist eine moderne Kunst entstanden, die sich – in bestimmter Negation des nicht mehr gewollten Alten – nicht zuletzt aus den Quellen des ehedem gar nicht Kunstfähigen speiste: aus dem Hässlichen und dem Profanen, dem Irrationalen und Wahnsinnigen und auch aus dem Kontingenten, welches rein als solches alle Harmonie, allen falschen Schein, alle auktorial gesetzte Form zu unterlaufen schien.

Sosehr Adorno mit dem Projekt der Moderne insgesamt sympathisiert, sosehr hält freilich gerade er die Tendenz zur Negation der Form in der Moderne für einen Irrtum; jedenfalls dort, wo die Moderne nicht zu neuen, zeitgemäßen Formen findet, sondern nur noch – etwa durch den experimentellen Einsatz von Zufallskomponenten, wie man ihn im 20. Jahrhundert in allen Künsten häufig findet – das Verschwinden der Form inszeniert (vgl. dazu auch Majetschak 2013). Denn es gelte einzusehen, dass dort, wo Zufall wirklich radikal und formzersetzend waltet, so etwas wie identifizierbare Werkeinheit, so etwas wie »ein Ganzes gar nicht resultiert« (ebd.). Anders ausgedrückt: Wo ein Werk versucht, alle auktorial gesteuerten Formen durch ein bloßes Spiel von kontingenten Faktoren zu ersetzen, entsteht keins! Auf minimale auktoriale Setzungen von identifizierbaren und damit schon Form bildenden Gleichheiten kann keines verzichten, denn »ohne alle Gleichheit bliebe das Chaos«, wie Adorno richtig sieht, »seinerseits ein Immergleiches« (212), so dass man gar keinen Grund hätte, sich auf dieses Chaos als auf die Einheit eines Werkes zu beziehen. »Noch die von harmonistisch-symmetrischen Vorstellungen befreiten Kunstwerke sind« deshalb nach Adorno, »formal charakterisiert nach Ähnlichkeit und Kontrast, Statik und Dynamik, Setzung, Übergangsfeldern, Entwicklung, Identität und Rückkunft. Die Differenz zwischen dem ersten Auftreten eines ihrer Elemente und seiner sei's noch so modifizierten Wiederholung können sie nicht ausradieren.« (238) Dies gilt nach Adorno selbst dort, wo in den »wiederholungsfeindlichsten Gebilden« (212) der modernen Musik versucht wird, ohne alle auktorialen Formationen auszukommen und – wie in John Cages berühmter Komposition *4.33*, die Adorno freilich nicht nennt – die Werkeinheit rein aus der Kontingenz der Umraumklänge zu konstituieren. Denn durch die Anfang und Ende des Stückes setzende Zeitvorgabe von 4.33 min. erhält das dazwischen liegende Klanggeschehen eine – wenn auch noch so minimalistische – Form. Was aus der Integration von kontingenten Faktoren in die Erzeugung moderner Kunstwerke folgt, ist deshalb letzten Endes gar nicht die von den Künstlern erhoffte Subversion der klassischen, auktorial bestimmten Form, sondern nur die Veränderung von deren Art und Qualität.

Formlose Kunstwerke, die keinerlei interne Artikulation aufweisen, kann es in Adornos Sicht insofern gar nicht geben. Und wenn dies richtig ist, müssen nach seiner Ansicht auch jene ästhetischen Grundbegriffe in Geltung bleiben, mit deren Hilfe man die intere Durchformung eines Kunstwerkes traditionellerweise beschrieb. »Kategorien wie Einheit, selbst Harmonie sind durch die Kritik«, die die Künste in der Moderne an ihnen übten, darum auch »nicht ohne Spur« aus Kunstphilosophie und

Kunstkritik »verschwunden« (235). »Fürs Überleben des Harmoniebegriffs als Moment spricht« nach Adorno zumal das gerade Gezeigte, dass selbst Kunstwerke, »die gegen das mathematische Harmonie-Ideal und die Forderung nach symmetrischen Verhältnissen aufbegehren« und darum Formlosigkeit zu exekutieren suchen, eben nicht aller Form, »nicht aller Symmetrie ledig werden.« (237) Natürlich: Insbesondere ein Harmoniebegriff wird heute vielen unzeitgemäß vorkommen. Doch meint Harmonie, so wie Adorno diesen Begriff für die Kunstphilosophie bewahren will, wohlverstanden nichts anderes als jenes »Gleichgewicht des Koordinierten« in der »paratakischen Logizität«, die dem Kunstwerk als Formgebilde eignet; oder wie er auch sagt: nichts anderes als jene »Homöostase« innerhalb seiner Binnendifferenzierung, »in deren Begriff ästhetische Harmonie als letztes sich sublimiert« (236).

Sprach- und Rätselcharakter der Kunst. Auf Form als medial gebundenen Niederschlag mimetischer Rationalität im Kunstwerk geht in Adornos Sicht auch der oben bereits erwähnte Sprachcharakter der Kunst zurück, in dem die Erkenntnis- und Wahrheitsansprüche der Kunst gründen, die ihre Interpretation in die Sprache des Begriffs zu übersetzen versucht. »In Form«, schreibt er, »fasst alles Sprachähnliche an den Kunstwerken sich zusammen« (217); auf sie geht zurück, dass Kunstwerken ein die materielle Präsenz übersteigender Mehrwert, nämlich Sinn und Bedeutung, eignet. Adorno war klar, dass solche Insistenz auf der Relevanz des Formbegriffs einen Formalismusvorwurf provozieren müsse, dem er nachdrücklich entgegentrat. Denn die »Kampagne gegen den Formalismus ignoriert«, was für Adorno eigentlich das Entscheidende ist, »dass die Form, die dem Inhalt widerfährt, selber sedimentierter Inhalt ist« (ebd.; vgl. 15). Will heißen: »Im Wie« einer »Malweise« z.B. »können unvergleichlich viel tiefere, auch gesellschaftlich relevantere Erfahrungen sich niederschlagen als in treuen Portraits von Generalen und Revolutionshelden.« (225) Zumal für das Verständnis der abstrakten, ungegenständlichen Formen einer autonomen Kunst in der Moderne ist diese These Adornos, der zufolge sich Formentscheidungen inhaltlichen und nicht bloß geschmäcklerischen Gesichtspunkten verdanken, zentral, und zwar insbesondere dort, wo sich die Moderne den Rückgriff auf tradierte Formen versagt. Denn wenn das »den Kunstwerken Spezifische, ihre Form, [...] als sedimentierter und modifizierter Inhalt« zu verstehen ist, kann auch solche Kunst – aller Abstraktion zum Trotz – nicht »ganz verleugnen, woher sie kam« (210). Das Andere, von dem sie herstammt oder sich absetzt, haftet ihr an; und dies gilt nach Adorno selbst für die »dem Anschein nach reinsten Formen, die traditionell musikalischen«, die, wie er meint, »bis in alle idiomatischen Details hinein auf Inhaltliches wie den Tanz« (15) zurückweisen, oder für die Formen einer abstrakten Malerei, die – wie wir oben schon im Falle Barnett Newmans sahen – Inhaltliches nicht gänzlich abstreifen können. Ablagerungen von Inhaltlichkeit bleiben so besehen auch noch in den abstraktesten Formen der Kunst zurück.

»Ästhetisches Gelingen« von Kunstwerken richtet sich nach Adorno »wesentlich danach, ob das Geformte den in der Form niedergeschlagenen Inhalt zu erwecken«, d.h. zur Sprache zu bringen »vermag« (210). Interpretation von Kunst sucht dieses Sprechen des Kunstwerkes in die Sprache des Begriffs zu übersetzen. »Generell«, kann Adorno deshalb sagen, sei »denn auch die Hermeneutik der Kunstwerke die Übersetzung ihrer Formalien in Inhalte« (ebd.), weshalb der hermeneutische Prozess ihrer Interpretation als werkimmanente Analyse zu beginnen hat, gilt es doch, durch eine Analyse der Logik der internen Binnendifferenzierungen des Werkes seinen (Erkenntnis-)Gehalt herauszuheben. Solcher Gehalt ist keine definitive, sondern eine historische Größe; nichts, was einem Werk ein für alle Mal inhäriert, sondern das Resultat einer jeweiligen interpretativen Aneignung. Bei einer bloßen Herausarbeitung des Gehalts des Kunstwerks durch immanente Formanalyse kann es nach Adorno freilich nicht bleiben. Interpretation (und auch Kritik) von Kunstwerken drängen in seiner Sicht darüber hinaus zur Philosophie, weil die Werke eben nicht nur einen Gehalt aufweisen, sondern auch einen Wahrheitsanspruch erheben. Darum müssten Interpretation und Kritik zuletzt zur philosophischen Ästhetik werden. »Philosophische Ästhetik, in enger Fühlung mit der Idee werkimmanenter Analyse, hat« nach Adorno »ihre Stelle dort, wohin diese nicht gelangt«, ist im Anschluss an die werkimmanente erste gleichsam eine »zweite Reflexion« (517 f.) des Kunstwerkes, die nach dessen Wahrheitsgehalt fragt. Dieser ist für Adorno mit jenem Bedeutungsgehalt, der werkimmanenter Analyse zugänglich ist, nicht identisch, sondern das, »was darüber entscheidet, ob das Werk an sich wahr oder falsch ist, und erst diese Wahrheit des Werkes an sich ist der philosophischen Interpretation kommensurabel und koinzidiert, der Idee nach jedenfalls, mit der philosophischen Wahrheit« (197). Er besteht in dem, worin »Philosophie und Kunst konvergieren« (ebd.): in dem, was beide je auf ihre Weise eine wahre (oder unwahre) Interpretation jener historischen Wirklichkeit sein lässt, auf die sie sich beziehen, wobei Adorno den Maßstab für die Entscheidung darüber, ob ein philosophischer Gedanke oder ein Kunstwerk als wirklichkeitsadäquat gelten könne oder nicht, marxistisch dachte (vgl. 285).

Sowohl die werkimmanente erste als auch die philosophische zweite Reflexion des Kunstwerkes haben nach Adorno freilich ihre prinzipielle Grenze an dessen »Rätselcharakter« (182), den er darin erkennt, dass die Werke sich aller begrifflichen Interpretation, der sie durch ihre Form in unbegrifflicher Begriffsähnlichkeit zusprechen, ineins und zugleich auch entziehen. Auf diesen Rätselcharakter ist zurückzuführen, dass diejenigen, die nur in den begrifflich-propositionalen Formen eines diskursiven Denkens Rationalität zu erkennen vermögen, Kunst häufig als Residuum von Irrationalität verstehen: als Ort der Uneindeutigkeit und Ambiguität des Sinns in letztlich weithin hermetisch bleibenden Werken. »Bedingung des Rätselcharakters der Werke ist« nach Adorno allerdings »weniger ihre Irrationalität als ihre Rationalität; je planvoller sie beherrscht werden, desto mehr gewinnt er Relief. Durch Form werden sie sprachähnlich, scheinen in jedem ihrer Momente nur eines und dieses zu bekunden, und es entwischt.« (Ebd.) Denn je gelungener ihre Form, desto unerschöpflicher das Potenzial interner Verweise und Bezüge innerhalb ihrer Binnendifferenzierungen, mit denen Kunstwerke den Interpreten konfrontieren. An Kunstwerken von Rang ist der Rätselcharakter, für den die »beliebte« Rede von ihrer »Vielschichtigkeit« nach Adorno nur »der falsch positive Name« (192) ist, gerade aufgrund des Gelingens ihrer Form deshalb nicht aufzuheben. Ihr Rätsel bleibt unlösbar. Oder positiv ausgedrückt: »Das Rätsel lösen« heißt hier »soviel wie den Grund seiner Unlösbarkeit angeben.« (185)

7. Ästhetik nach dem »linguistic turn«

Sowohl die klassischen als auch die modernen Theorieansätze in Ästhetik und Kunstphilosophie, die bislang skizziert wurden, gingen davon aus, dass die Theorie unmittelbar über die in Frage stehenden Phänomene rede und insofern mit Ausdrücken wie »ästhetische Erfahrung«, »Kunstwerk«, »Geschmacksurteil« etc. auf objektiv gegebene (kulturelle, soziale oder mentale) Phänomene Bezug nehme, deren konstitutive Strukturen ontologisch, d.h. als in der Natur der Phänomene verankerte Strukturen erörterbar seien. Doch sind die Referenzgegenstände, auf die wir uns mit solchen und ähnlichen Ausdrücken in kunstphilosophischen Zusammenhängen beziehen, überhaupt so etwas wie einheitliche Phänomene mit fester und strukturell analysierbarer Natur? Oder suggeriert uns dies vielleicht nur unsere Sprache, die für mehr oder minder Ähnliches, oft freilich aber sehr Verschiedenes dasselbe Wort, z.B. das Wort »Kunstwerk«, gebraucht, was uns dann glauben macht, allem, was so heißt, müsse irgendwie eine gemeinsame, in der Sache fundierte Struktur zugrunde liegen? Was, wenn die Muster, Ordnungen und Strukturen, die die Ontologie der sozialen, kulturellen und mentalen Welt zu konstituieren scheinen, generell abhängig sind von der Sprache, in der wir über sie sprechen? Skeptische Fragen wie diese, die in aller Radikalität die Sachhaltigkeit von Theorien klassischer Provenienz anzweifeln, lassen sich philosophisch natürlich nicht ohne Weiteres, schon gar nicht im Rahmen dieser Einführung entscheiden. Gerade insofern sie als ernsthafte philosophische

Fragen verständlich sind, machen sie aber vielleicht klar, weshalb es auf vielen Gebieten der Philosophie des 20. Jahrhunderts zu einem so genannten »linguistic turn« – einer Wende zur Sprache – gekommen ist, der sich in der methodischen Überzeugung niederschlägt, dass es – statt unvermittelt auf die »Phänomene« loszugehen – ratsam sei, zunächst die Art und Weise zu erörtern, wie wir über sie sprechen. Erst dann lässt sich ja Klarheit darüber gewinnen, ob – und inwieweit – die angedeuteten skeptischen Fragen im Recht sind.

»Richtigkeit« statt »Schönheit« (Wittgenstein)

Ein dieser methodischen Grundüberzeugung verpflichtetes Philosophieren hat insbesondere im angelsächsischen Sprachraum im Laufe des 20. Jahrhunderts eine eigenständige Tradition des Nachdenkens über Kunst ausgebildet (vgl. dazu Lüdeking 1998). Dass diese methodische Haltung auch in aestheticis zu fruchtbaren neuen Einsichten führen könnte, die das klassische kunstphilosophische Denken um neue Denkmotive bereichern, zeigten bereits die *Vorlesungen über Ästhetik*, die Ludwig Wittgenstein, einer der Väter sprachanalytischen Philosophierens, im Jahre 1938 in Cambridge gehalten hat (Wittgenstein 2000). Denn mittels einer sprachanalytischen Herangehensweise an die Probleme zeigte er, was wir oben bereits thesenartig andeuteten, dass nämlich die Konzentration auf den Schönheitsbegriff, die mindestens die klassischen Positionen der Ästhetik auszeichnete, in die Irre zu führen geeignet ist, wenn es zu verstehen gilt, was kompetentes ästhetisches Urteilen über Kunst eigentlich heißt. Sie gestattet es ihm nämlich, deutlich zu machen, dass die Verwendung des Ausdrucks »schön« (oder eines funktional vergleichbaren Prädikats) in unseren tatsächlichen Diskursen über Kunstwerke keineswegs eine solch eminente Rolle spielt, wie die Tradition philosophischer Ästhetik meist behauptete.

Wie Wittgenstein in seinen *Vorlesungen über Ästhetik*, die auf Mitschriften seiner Hörer zurückgehen, gesagt haben soll: »Wenn wir über einen Gegenstand ein ästhetisches Urteil fällen, starren wir ihn« ja »nicht einfach an und sagen: ›Oh, wie wunderbar!‹«, schön oder hinreißend, sondern treffen in der Regel viel komplexere Aussagen, die mit Schönheitsbeurteilungen in der Regel gar nichts tun haben. »Ein Mensch mit Urteilsvermögen« in ästhetischen Fragen ist für uns nicht »jemand, der ›wunderbar!‹ bei bestimmten Gelegenheiten sagt.« (17) Im Gegenteil, »bemerkenswert« sei, so meinte er, »dass im wirklichen Leben Adjektive wie ›schön‹, ›gut‹ usw. kaum eine Rolle spielen, wenn ästhetische Urteile gefällt werden« (13 f.). Ausdrücke wie »schön« und »gut« haben Wittgensteins subtiler Beobachtung der Praxis unseres Sprechens zufolge in der Wirklichkeit ihres Gebrauchs vielmehr zumeist den Charakter von Interjektionen, die im Angesicht von Kunst vor allem von Personen benutzt werden, »die sich nicht gut ausdrücken können« (14), weil ihnen die Kompetenzen zu einer differenzierten und angemessenen Charakteristik der Werke fehlen. Dagegen wird der Kenner als derjenige, der zu kompetentem Urteilen über Kunst in der Lage ist – und gerade auf diesem Feld »unterscheiden« wir ja insbesondere »zwischen Leuten, die wissen, wovon sie sprechen, und solchen, die das nicht tun« (17) –, nicht nur »schön« sagen, sondern *Gründe* für seine ästhetischen Urteile angeben. In einer Musikkritik sagt man vielleicht: »›Betrachte diesen Übergang‹ oder [...] ›Die Passage ist inkohärent‹. Oder in der Kritik eines Gedichtes sagt man [...]: ›Er gebraucht präzise Bilder‹.« (14) Wenn von bildender Kunst die Rede ist, sagt man vielleicht, ein Bild stelle seinen Gegenstand naturgetreu dar, es gewinne einem alten ikonographischen Motiv einen interessanten neuen Aspekt ab oder Ähnliches. Stets zeige sich freilich, dass die »Begriffe«, die in solchen Zusammenhängen »benutzt werden, [...] eher ›richtig‹ und ›korrekt‹« als Ausrufen wie »›schön‹ oder ›hinreißend‹« (ebd.) ähneln (vgl. dazu des Näheren Schulte 1990 und Wilke 2012).

Freilich ist es nicht ganz leicht, die Logik solcher ästhetischen Urteile und Begründungen analytisch durchsichtig zu machen. Denn um sich über den Gebrauch der dabei verwendeten »ästhetische[n] Begriffe klar zu werden« und etwa genau zu beschreiben, was denn die Präzision eines dichterischen Bildes ausmache, müsse man, wie Wittgenstein meinte, letztlich ganze »Lebensweisen beschreiben« (23), in denen eine bestimmte kulturelle Praxis ihres Gebrauchs herrsche. Von dieser Praxis und den sie bestimmenden Standards und Konventionen hänge unsere Fähigkeit zu kompetentem ästhetischen Urteilen weit stärker ab als von irgendwelchen Schönheitserfahrungen, die die traditionelle philosophische Ästhetik bevorzugt analysierte. Doch solche Standards und Konventionen genau zu beschreiben ist schwierig, weil zu ihnen auch fundamentale Kulturtechniken, z.B. die Beherrschung bestimmter Sprachen, gehören, die nicht nur in ästhetischen Zusammenhängen relevant sind, jedoch in ihnen die Voraussetzung dafür darstellen, ein Werk der Literatur oder der bildenden Kunst überhaupt als solches identifizieren und angemessen rezipieren zu können. »Damit jemand englische Poesie bewundern kann, muß er« – man wird Wittgenstein diese Behauptung zugestehen – »Englisch beherrschen. Angenommen, ein Russe, der nicht Englisch spricht, ist überwältigt von einem Sonett, das als gut gilt. Wir würden sagen, dass er überhaupt nicht weiß, was es gut macht. Genauso würden wir von jemandem, der keine Ahnung von Metrik hat, aber überwältigt ist, sagen, dass er nicht weiß, was in dem Sonett steckt.« (17 f.) Im Gegenteil: Ohne ihm solche Kenntnisse zu unterstellen, würde man wohl nicht einmal sagen, jemand sei bei dem, was er hört oder sieht, auf etwas von der Art eines Kunstwerkes bezogen, sosehr er sich auch beeindruckt zeigen mag.

Über diese schwer zu konkretisierenden Basalkenntnisse hinaus wird man davon auszugehen haben, dass gerade solche ästhetischen Urteile, die ein Kunstwerk nach Kriterien von Richtigkeit oder Falschheit, des Gelingens oder Misslingens bemessen, in bestimmtem Maße Regelkenntnisse auf Seiten des Urteilenden voraussetzen. Jemand, der zu kompetenten Urteilen über Musik fähig sein soll, wird zweifellos so etwas wie ein Regelwissen hinsichtlich »Harmonie und Kontrapunkt« (16) benötigen. In solchen »Regeln«, etwa denen der »Harmonielehre«, so meinte Wittgenstein, »kristallisieren sich« gewissermaßen ästhetische »Wünsche« und Erwartungen einer Kultur, was er mit der Andeutung hervorhebt, man könne sie »als Ausdruck dessen betrachten, was bestimmte Leute wollen« (17). Sie werden dem, der in eine musikalische Kultur hineinwächst, gewöhnlich nicht auf irgendeine Weise plausibel gemacht. Vielmehr wird der, der sie erlernt, normalerweise von Kindheit an durch stetes Hören und – gegebenenfalls – Praktizieren »abgerichtet« (16), dieses oder jenes *als* harmonisch zu empfinden.

Natürlich bilden die Grundregeln, auf die die Mitglieder einer Kultur im Laufe des Kulturerwerbs abgerichtet werden, für die Praxis des ästhetischen Urteilens kein starres Korsett. »Durch das Lernen der Regeln verfeinert sich« das »Urteilsvermögen« (ebd.) eines Menschen ja mehr und mehr, so dass er – zumal, wenn sich sein »Urteilsvermögen« vielleicht auch noch durch fortgesetzten Umgang mit den »Künste[n]« (17) weiterentwickelt hat – »ein Gefühl für die Regeln« erwirbt und sie zu »interpretiere[n]« (16) lernt. Dies verschafft ihm dann – z.B. in der Kompositionspraxis – Spielräume der Abweichung von den Regeln, die sich freilich nur für den eröffnen, der grundsätzlich mit ihnen vertraut ist. Deshalb kann man nach Wittgenstein einerseits sagen, die »größten Komponisten schrieben in Übereinstimmung mit den Regeln«, aber andererseits *auch*, »daß jeder Komponist die Regeln geändert hat, aber diese Änderungen waren sehr gering, und nicht alle Regeln wurden geändert. Die Musik war noch immer nach sehr vielen der alten Regeln gut.« (17)

Die prinzipielle Vertrautheit des auf kompetente Weise in Kunstfragen Urteilenden mit einem die Maßstäbe ästhetischer Richtigkeit bestimmenden Bündel ästhetischer Regeln ist auch eine Bedingung dafür, dass wir angesichts *mancher* Kunstwerke die Geltung solcher Regeln manchmal in Gänze suspendieren können. »Wenn wir über eine Symphonie von Beethoven sprechen, reden wir nicht von Richtigkeit. Hier sind ganz andere Dinge wichtig. [...] In gewissen Architekturstilen ist eine Tür richtig, und wir schätzen sie darum. Aber im Fall einer gotischen Kathedrale spielen völlig andere Dinge eine Rolle für uns, und wir würden die Tür nicht ›richtig‹ nennen. Das gesamte *Spiel* ist anders.« (19) In diesem Falle bemessen wir das in Betracht stehende Kunstwerk nämlich nicht an den tradierten Regeln, sondern billigen ihm gewissermaßen zu, auf exemplarische Weise neue Regeln und Maßstäbe – oftmals im bewussten Bruch mit der Tradition – in die Geschichte einer Kunstform einzuführen. Ob man, wie es Wittgenstein tat, tatsächlich in den gotischen Kathedralen und den Symphonien Beethovens solche epochalen, die tradierten Kunstregeln sprengenden und neu definierenden Werke zu sehen hat, darüber kann man im Einzelfall natürlich streiten. Doch *dass* wir das Sprachspiel des ästhetischen Beurteilens manchmal auch *so* spielen, dürfte außer Zweifel stehen.

Die Regeln, die die Paradigmata unseres ästhetischen Urteilens darstellen und in ihrer Geltung für die überwiegende Mehrheit solcher Urteile letztlich auch noch die Bedingung dafür sind, dass wir sie in Einzelfällen suspendieren *können*, werden manchmal explizit und – etwa im Falle des Systems der musikalischen Harmonik Europas – auch in einschlägigen Lehrbüchern niedergelegt sein. Öfters ist dies freilich aber auch nicht der Fall, wie man nach Wittgenstein bei der Betrachtung solcher Fälle ästhetischen Urteilens erkennt, in denen wir von der inneren Logik bzw. der kompositorischen Stringenz eines Kunstwerkes reden. Eines seiner Beispiele ist – mit Blick auf Mozarts »Figaro Ouvertüre« – die »›Notwendigkeit‹, mit der der zweite Gedanke« in der Logik des musikalischen Ablaufs »auf den ersten folgt«. Jedenfalls als musikalisch Gebildete hören wir sie natürlich und werden in kompetenten ästhetischen Urteilen auch von ihr sowie von der Richtigkeit *dieser* Klangfolge – verglichen mit anderen möglichen – sprechen. »Aber das Paradigma, wonach das alles *richtig* ist, ist« in diesem Falle »freilich dunkel.« (1984b, 531) Wir *können* die Regel, die unser Urteil paradigmatisch orientiert, hier gar nicht explizit artikulieren und möchten deshalb sagen: Was wir hören, ist gleichsam »die natürliche Entwicklung« des Themas. »Man macht eine Handbewegung, möchte sagen: ›natürlich!‹« (Ebd.); so *muss* die Abfolge in der musikalischen Bewegung sein. Doch ein ausweisbarer Maßstab der Urteilsbildung fehlt uns dabei.

Dass der Maßstab der Beurteilung hier im Dunkeln liegt, sollte nach Wittgenstein freilich nicht zu dem Versuch verleiten, das Urteil über die Notwendigkeit in der musikalischen Struktur in Ermangelung anderer Gründe nun doch auf so etwas wie Schönheit (oder gar Annehmlichkeit) zurückzuführen und zu sagen, die Folge der musikalischen Gedanken sei notwendig, *weil* es so schön oder angenehm klinge. »Nichts dümmer, als zu sagen, es sei ›*angenehm*‹, den einen nach dem anderen zu hören.« (Ebd.) Und auch von »schön« ist hier nicht zu reden. Auch dies wäre eine »Dummheit«; und nach Wittgensteins Meinung »übrigens« eine solche, an der man erkennen kann, »welche dumme Rolle das Wort ›schön‹ in der Ästhetik spielt« (1984b, 523). Zwar »*ist* da« natürlich »kein Paradigma außerhalb des Themas«, das je erklingt, jedenfalls nicht in dem Sinne, dass wir im Einzelfall sagen könnten, *welche* Notwendigkeitsbeziehung zwischen zwei Gedanken das Muster der musikalischen Struktur vorgibt. »Und doch *ist* auch wieder ein Paradigma außerhalb des Themas: nämlich der Rhythmus unserer Sprache, unseres Denkens und Empfindens.« (Ebd.) Will heißen: »Der Eindruck, den es mir macht, hängt mit Dingen in seiner Umgebung zusammen – z.B. mit unserer Sprache und ihrer Intonation, also mit dem ganzen Feld unserer Sprachspiele.

Wenn ich z.B. sage: Es ist, als ob hier ein Schluss gezogen würde, oder, als ob hier etwas bekräftigt würde, oder, als ob *dies* eine Antwort auf das Frühere wäre, – so setzt mein Verständnis eben die Vertrautheit mit Schlüssen, Bekräftigungen, Antworten, voraus.« (1984b, 307 f.) *Solche* Muster, die in unserer kulturellen Praxis wichtige Funktionen haben, finden wir in der Musik wieder, und mit ihnen hat unser Verständnis der »Notwendigkeit« einer Klangfolge weit mehr zu tun als mit Schönheit.

Gerade weil die Paradigmata unserer ästhetischen Beurteilung, wie im genannten Beispiel, häufig im Dunkeln liegen und in ihrer engen Verwobenheit mit Formen unseres (kulturellen) Lebens zumeist begrifflich kaum genau zu fassen sind, ist es nach Wittgenstein »nicht nur schwierig zu beschreiben, worin Kennerschaft« in Kunstdingen besteht, »sondern« in bestimmter Hinsicht »unmöglich« (2000, 18). Zwar spielen die »Wörter, die wir Ausdrücke von ästhetischen Urteilen nennen«, wie Wittgenstein in seinen *Vorlesungen über Ästhetik* betont, »eine sehr komplizierte, aber genau festgelegte Rolle in der Kultur einer Epoche« (20). Doch um »ihren Gebrauch zu beschreiben, oder um zu beschreiben, was mit« jenem »kultivierte[n] Geschmack gemeint ist«, den wir manchen Experten in aestheticis zubilligen, »muß man eine Kultur beschreiben. Was wir jetzt kultivierten Geschmack nennen, existierte vielleicht im Mittelalter gar nicht. Ein völlig anderes Spiel wird zu verschiedenen Zeiten gespielt.« (Ebd.) Und dies bestätigt wohl auch ein jeder Versuch, einen beliebigen ästhetischen Begriff zu bestimmen. Zu solch eingehenden Beschreibungen ganzer Kulturen und ihrer Praxis ästhetischer Wertschätzung sind wir gar nicht in der Lage, so dass jeder Versuch, die maßgeblichen Begriffe jemandem zu erklären, der mit dieser Kultur wenig vertraut ist, bald an seine Grenzen stößt.

Sprachanalytische Kunsttheorie

Wittgensteins skizzierte Überlegungen *in aestheticis* haben ihre Wirkung erst in den letzten Jahren zu entfalten begonnen. Historisch gesehen hat er die seit der Mitte des 20. Jahrhunderts entstehende sprachanalytische Kunsttheorie weit stärker durch seine 1953 posthum veröffentlichten *Philosophischen Untersuchungen* beeinflusst, in denen die Reflexion auf ästhetische Fragestellungen allenfalls eine untergeordnete Rolle spielt. Einer der Ersten, der die in diesem Werk grundgelegten Gedanken für ästhetische Fragestellungen fruchtbar zu machen suchte, war Morris Weitz (1916-1987), der in seinem Aufsatz *The Role of Theory in Aesthetics* (1956) die These vertrat, dass die klassischen Versuche, das Wesen der Kunst theoretisch zu erfassen und Kunstwerke durch besondere Merkmale von Nicht-Kunst zu unterscheiden, aus prinzipiellen Gründen zum Scheitern verurteilt waren. Denn sie alle erschienen ihm als »vergeblicher Versuch [...], etwas zu definieren, was nicht definiert werden kann« (43), d.h. »die notwendigen und hinreichenden Eigenschaften von etwas anzugeben, was keine notwendigen und hinreichenden Eigenschaften besitzt« (44). Dass dies so sei, meinte er, bemerke man, wenn man nicht mehr im tradierten Sinne die Frage ›Was ist Kunst?‹ stelle, sondern vielmehr darauf achte, wie der Begriff der ›Kunst‹ in unserer Sprache tatsächlich verwendet werde.

Eine solche Veränderung der Fragestellung hatte Wittgenstein in den *Philosophischen Untersuchungen* angeregt, als er zeigte, dass der im europäischen Denken tief verankerte Essentialismus, der in Antworten auf Fragen der Form ›Was ist X?‹ das Wesen des je Erfragten erfassen zu können glaubt, auf einer Fiktion beruht; darauf nämlich, dass man zu *denken* geneigt sei, allem, was mit demselben Wort bezeichnet werde, *müsse* auch etwas gemeinsam sein. Dagegen richtete Wittgenstein seine methodologische Maxime: »denk nicht, sondern schau!« und machte am Beispiel dessen, was wir als »Spiele« – Brettspiele, Kartenspiele, Ballspiele etc. – bezeichnen, deutlich, dass man nicht ein einzelnes (Wesens-) Merkmal finden werde, »was *allen* gemeinsam wäre«. Vielmehr werde man bei einer genauen Betrachtung der vielfältigen Arten von Spielen »ein kompliziertes Netz von Ähnlichkeiten« sehen, »die einander übergreifen und kreuzen. Ähnlichkeiten im Großen und Kleinen« (§ 66), die Wittgenstein als »Familienähnlichkeiten« (§ 67) bezeichnet. Denn wie zwischen den Mitgliedern einer Familie gibt es unter den Spielen wohl viele Ähnlichkeiten, anhand deren wir in normalen Fällen entscheiden können, ob wir etwas als ein ›Spiel‹ zu bezeichnen bereit sein werden. Doch wie die meisten Begriffe unserer natürlichen Sprache ist auch »der Begriff ›Spiel‹ ein Begriff mit verschwommenen Rändern« (§ 71), so dass man in Rand- und Grenzfällen (z.B. im Blick auf ›Russisch Roulette‹) zweifeln wird, ob man den in Frage stehenden Vorgang noch als ›Spiel‹ betrachten soll, so sehr er auch Ähnlichkeiten mit vertrauten Spielen aufweisen mag (z.B. Spannungsreichtum, Gewinn- und Verlustmöglichkeit etc.).

Auf Wittgensteins methodologische Maxime und seine essentialismuskritische Überlegung nimmt Weitz in seinem Aufsatz ausdrücklich Bezug und betont, dass es sich mit dem Begriff der ›Kunst‹ nicht anders als mit dem des ›Spiels‹ verhalte (vgl. 45). Auch er ist ein Begriff mit einer »offenen Textur« (ebd.), dessen konstitutive Merkmale sich mit der Entwicklung der Künste verändern. Diese Merkmale dienen uns wohl zur Orientierung, wenn wir zu entscheiden haben, ob wir etwas als ›Kunstwerk‹ anerkennen, doch sei kein einziges von ihnen – nicht einmal das, dass Kunstwerke ›Artefakte‹ sein müssten (vgl. 49) – essentiell und definitorisch für den Begriff der ›Kunst‹ als solchen. Fragen, wie sie gerade im Blick auf die Kunst der Moderne oft gestellt worden sind, z.B. ›Ist Duchamps *Fountain* ein Kunstwerk?‹ (oder nicht vielmehr ein bloßes Alltagsding, ein übler Scherz oder was auch immer ...), ›Ist *Finnegans Wake* von Joyce ein Roman?‹ oder ›Ist Cages *4.33* wirklich ein Musikstück?‹, solche Fragen sind nach Weitz deshalb keine Sach-, sondern vielmehr Entscheidungsfragen, bei denen wir von Fall zu Fall eine Entscheidung treffen müssen, ob wir die Ähnlichkeiten, die das fragliche Objekt mit der Familie von allgemein akzeptierten Werken aufweist, als signifikant genug betrachten, um es in diese Familie aufzunehmen (vgl. 46).

Aus seinen Überlegungen zog Weitz den Schluss, dass es nicht länger die Aufgabe einer sprachanalytischen Ästhetik sein könne, Theorien über das Wesen der Kunst zu entfalten. Vielmehr habe sie den Begriff der Kunst zu erhellen und z.B. darauf aufmerksam zu machen, dass es in unserem Reden über Kunst einen ›deskriptiven‹ und einen ›evaluativen‹ Gebrauch des Kunstbegriffs zu unterscheiden gilt (vgl. 49 f.), den Theorien traditioneller Provenienz nur zu oft übersehen.

Wenn es nun freilich zutreffen sollte, dass keine einzelne Sacheigenschaft und auch keine Gruppe von Sacheigenschaften eines

Gegenstandes seine Klassifikation als ›Kunstwerk‹ notwendig macht, was bestimmt dann den Gebrauch der zahlreichen ästhetischen Begriffe, die wir auf solche Gegenstände darüber hinaus noch anzuwenden pflegen? Wir sagen über Werke wie *Fountain* oder *4.33* ja nicht nur, dass sie ›Kunstwerke‹ bzw. dass sie ›keine Kunstwerke‹ seien, sondern wir charakterisieren sie vielleicht auch noch als ›provokante‹ oder als ›avantgardistische‹ Werke oder als Gegenstände, die uns als ›spannungsvoll‹ oder als ›fade‹ erscheinen. Andere Werke sprechen wir vielleicht als ›geistreich‹, ›gehaltvoll‹ oder ›kompositorisch unausgewogen‹ an, wieder andere als ›sentimental‹ oder ›melancholisch‹, ›leblos‹ oder ›bewegend‹. Was steuert in diesem Falle ihren Gebrauch?

Wie Frank Sibley (1923-1996) in seinem Aufsatz *Aesthetic Concepts* (1959) gezeigt hat, kann man sich auch in ihrem Falle zur Rechtfertigung ihres Gebrauchs nicht ausschließlich auf Eigenschaften der beurteilten Sache berufen. Zwar nehmen wir tatsächlich, wenn wir unseren Begriffsgebrauch rechtfertigen, zumeist auf die nicht-ästhetischen Eigenschaften der charakterisierten Sache Bezug und sagen vielleicht ›Schau auf die Dominanz der Grautöne in diesem Bild‹, wenn wir beispielsweise erklären sollen, weshalb wir es als ›melancholisch‹ bezeichnen. Doch gelte es einzusehen, dass keine Gruppe von »nicht-ästhetischen Merkmalen« unseres Bezugsgegenstandes »die Anwendung eines ästhetischen Begriffs« in irgendeiner Weise »logisch rechtfertigt oder garantiert« (129). Denn dieselbe Konstellation von Grautönen, die wir einmal als ›melancholisch‹ bezeichneten, werden wir unter anderen Umständen vielleicht ästhetisch als ›lebhaft‹ charakterisieren, wenn wir nämlich erfahren, dass das Gemälde unserer Beurteilung von einem Maler stammt, der bisher ausschließlich monochrom schwarze Bilder gemalt hat. Darum muss man aus sprachanalytischer Perspektive sagen, dass »keine *Beschreibung*« eines Werkes »in nicht-ästhetischen Begriffen es uns zu behaupten erlaubt, dass diese oder andere ästhetische Begriffe unbestreitbar auf es zutreffen« (130). *Nichts* von dem, was ein Gegenstand an objektiven Sacheigenschaften aufweist oder was sich an ihm erfahren lässt, begründet insofern seinen Charakter als ästhetisches Objekt (siehe zu dieser Argumentation Majetschak 2006b).

Richard Wollheim (1923-2003) hat dies in seinem im deutschen Sprachraum leider immer noch unterschätzten Essay *Objekte der Kunst* (1968) ähnlich gesehen. Gegen Kunsttheorien, die alle ästhetischen Eigenschaften von Kunstwerken auf anschauliche Gegebenheiten des jeweiligen Objekts zurückführen wollen, hob er hervor, dass »es ein Element gäbe, das wir in unsere Wahrnehmung eines Kunstwerks einbringen müssten«, welches aus den Anschauungsgegebenheiten prinzipiell nicht abgeleitet werden kann: »die Erkenntnis nämlich, dass es ein Kunstwerk ist« (76). Um etwas als ›Kunstwerk‹ zu sehen, reicht es insofern nicht aus, dass jeweilige Objekt vor unseren Augen möglichst intensiv anzuschauen. Vielmehr müssen wir unsere alltägliche Einstellung zu ihm verändern und eine »ästhetische Einstellung« einnehmen, welche darin besteht, es »als Kunstwerk zu behandeln« (93). Und dies bedeute, den Gegenstand vor unseren Augen als Element einer kulturellen Praxis zu interpretieren, in der »bestimmte Prozesse oder Materialien bereits als Ausdrucksmittel der Kunst beglaubigt sind« (106) So genannte ›Wesensmerkmale‹ von Kunst an und für sich oder »etwas, was wir künstlerischen Impuls oder Intention nennen könnten und was sich ganz unabhängig von Institutionen der Kunst und ihnen vorausgehend identifizieren lasse« (104), gebe es nicht.

Auch Arthur C. Danto (1924-2013), von dessen kunstphilosophischem Werk weiter unten noch eingehender zu handeln sein wird, hatte in seinem Aufsatz *The Artworld* aus dem Jahre 1964, der den Nucleus seiner späteren Überlegungen darstellt, in ähnlicher Weise betont, »etwas als Kunst zu sehen, erfordere etwas,

was das Auge«, allein auf sich gestellt, am Werk gar »nicht ausfindig machen kann – eine Atmosphäre künstlerischer Theorie, ein Wissen um die Kunstgeschichte: eine Kunstwelt« (32). Allein vor ihrem Hintergrund könne ein Gegenstand, der sich – wie ja auch die Entwicklung der modernen Kunst seit Duchamp selbst gezeigt hatte – von einem erscheinungsidentischen Alltagsgegenstand gar nicht zu unterscheiden braucht, als Kunstwerk aufgefasst werden. Aus dieser Einsicht hat dann George Dickie (geb. 1926) – von Danto inspiriert, aber keineswegs in jeder Hinsicht mit ihm übereinstimmend – den Schluss gezogen, dass es *allein* der Stellung eines Objekts im institutionellen Gefüge der Kunstwelt zu verdanken sei, ob etwas als Kunstwerk gelte oder nicht. Und dieser Schluss führte ihn dazu, doch erneut etwas zu versuchen, was Weitz und andere für unmöglich gehalten hatten, nämlich eine Wesensdefinition von Kunst. Ihr zufolge ist ein »Kunstwerk im klassifikatorischen«, nicht im wertenden »Sinne (1) ein Artefakt, welches (2) einen Satz von Aspekten aufweist, auf den der Status eines Kandidaten der Würdigung (*candidate for appreciation*) von einer Person oder von Personen übertragen wurde, die im Namen einer gewissen sozialen Institution (der Kunstwelt) handeln« (49 f.). Dieser Definitionsversuch ist von verschiedener Seite aufgrund der in ihm enthaltenen Unklarheiten vehement kritisiert worden (vgl. unter vielen anderen Wollheim 1982, 149 ff., Danto 1996, 47 ff., Lüdeking 1998, 163 ff.). Denn was genau ist in diesem Zusammenhang mit ›Würdigung‹ gemeint? Und wer gehört überhaupt zu dieser ominösen ›Kunstwelt‹, in der einige Personen die Macht zu haben scheinen, Gegenstände zu Kunstwerken zu ernennen? Dickie hat solche Kritik partiell akzeptiert und zugestanden, dass von einer aktiven Übertragung des Kunstwerkstatus auf gewisse Objekte tatsächlich gar nicht die Rede sein könne. Aber er hielt daran fest, dieser Status werde »erworben als Resultat der Herstellung eines Artefakts innerhalb bzw. vor dem Hintergrund der Kunstwelt« (50).

Ebenso wie Dickie dem sprachanalytischen Anti-Essentialismus à la Weitz mit einer ›neo-essentialistischen‹ Institutionentheorie der Kunst entgegentrat, rief seine Definition neben den oben genannten weitere Kritiker auf den Plan, die ›intentionalistisch‹ gesonnen waren. Sie machten geltend, dass nicht primär der institutionelle Rahmen, sondern vielmehr die Intention, mit der ein Gegenstand gemacht worden sei, darüber entscheide, ob er als Kunstwerk (oder nicht als Kunstwerk) zu gelten habe. In diesem Sinne schlug z.B. Monroe C. Beardsley (1915-1985) in seinem Aufsatz *An Aesthetic Definition of Art* (1983) vor, dass man ein »Kunstwerk« definieren könne als etwas, das »mit der Absicht produziert wurde, ihm die Fahigkeit zu verleihen, ästhetische Interessen zu befriedigen« (58). Und Jerrold Levinson (geb. 1948) machte sich in *Defining Art Historically* (1979) für die Auffassung stark, ein Gegenstand X sei ein »Kunstwerk« bedeute, »X ist ein Objekt, das eine Person oder Personen, die die angemessenen Besitzrechte an X haben, ununterbrochen für eine Betrachtung-als-ein-Kunstwerk intendieren, d.h. eine Betrachtung in der Weise (oder den Weisen), auf die vorherige Kunstwerke korrekt (oder standardmäßig) betrachtet werden oder wurden« (37).

Die sprachanalytischen Debatten zwischen Anti- und Neoessentialisten, Institutionalisten und Intentionalisten *in aestheticis*, die im angelsächsischen Sprachraum geführt wurden, sind im deutschsprachigen Raum zwar dokumentiert worden (vgl. Zimmermann 1980, Lüdeking 1998, Schmücker 2005). Eine intensive Rezeption und Aneigung steht hier freilich noch aus. Hier konzentrierte sich die Debatte vor allem auf die kunstphilosophischen Œuvres von Nelson Goodman und Arthur C. Danto.

Symptome des Ästhetischen (Goodman)

Der amerikanische Philosoph Nelson Goodman (1906-1998) teilt mit zahlreichen der im vorigen Kapitel genannten Autoren die Überzeugung, dass über die Frage, ob etwas Kunst sei oder nicht, nicht allein aufgrund von Eigenschaften der in Frage stehenden Sache zu entscheiden sei. Angesichts dieser Diagnose hat er pointiert vorgeschlagen, dass wir heute nicht mehr fragen sollten: Was ist Kunst? Sondern vielmehr: *Wann* ist Kunst? (Vgl. Goodman 1984, 76 ff.) *Wann*, zu welchen Zeiten und unter welchen Bedingungen lassen wir etwas als Kunst gelten? Einen viel diskutierten Beitrag zur Beantwortung einer derart modifizierten Frage nach der Kunst hat Goodman in seinem Buch *Sprachen der Kunst. Entwurf einer Symboltheorie* (Goodman 1995), dessen englischsprachige Originalausgabe bereits im Jahre 1968 unter dem Titel *Languages of Art: An Approach to a Theory of Symbols* erschien, vorgelegt. Hier hat er die Ansicht vertreten, dass es überhaupt aussichtslos sei, »nach einem griffigen Kriterium des Ästhetischen« (232) zu suchen, welches es erlauben würde, ästhetische Erfahrung und ästhetische Objekte der Kunst von anderen Erfahrungstypen und banalen Alltagsdingen exakt abzugrenzen. Wohl aber sei von »Aspekten oder Symptomen« des Ästhetischen zu reden, denen wir häufig dort begegnen, wo wir etwas als Kunst verstehen, die freilich je für sich »weder eine notwendige noch eine hinreichende Bedingung für ästhetische Erfahrung« (ebd.) seien. Solche Symptome sieht er in einigen grammatisch-logischen Eigenschaften der Sprachen der Kunst, insbesondere in »Dichte, Fülle und Exemplifikation« als solchen Eigenschaften von künstlerisch verwendeten Symbolsystemen, die uns als »Erkennungszeichen für das Ästhetische« (234) dienen können.

Definitionen dieser Eigenschaften hat Goodman in seinem Buch anhand einer Unterscheidung von bildlichen Darstellungssystemen, die in den Künsten ja eine eminente Rolle spielen, und nicht-bildlichen Symbolsystemen wie Begriffssprachen oder sonstigen nicht-bildlichen Notationssystemen wie musikalischen Partituren herausgearbeitet. Letztere sind digitale, semantisch und syntaktisch (wenigstens näherungsweise) *disjunkte* Darstellungssysteme, was bedeutet, dass sie auf eine begrenzte Menge semantischer und syntaktischer Möglichkeiten zur Bildung wohlgeformter Zeichenvorkommnisse zurückgreifen. In ihnen interpretieren wir jeden Zeichencharakter als Erfüllung oder Nicht-Erfüllung *einer* solchen syntaktischen und semantischen Möglichkeit, so dass eine Inskription wie » 00 « in einem solchen Darstellungssystem – ganz unabhängig von der konkreten Erscheinungsgestalt des Zeichenkomplexes selbst – entweder als das zweimalige Vorkommnis des semantischen Wertes »Null« gilt oder eben nicht. Bildliche Darstellungssysteme (oder wie Goodman meist sagt: Symbolsysteme) sind dagegen analoge, semantisch und syntaktisch *dichte* Systeme, wobei ein Darstellungssystem dann als »dicht« gilt, »wenn es unendlich viele Charaktere bereitstellt, die so geordnet sind, daß es zwischen jeweils zweien immer ein drittes gibt« (Goodman 1995, 133); d.h., wenn jede minimale Nuancierung zwischen zwei beliebigen Punkten des vorliegenden Zeichenkomplexes selbst als diakritische Markierung einer entsprechenden Unterscheidung auf der Ebene des Dargestellten betrachtet werden kann. Wenn wir das jeweilige Zeichenvorkommnis in diesem Sinne auffassen, dann sehen wir *im* Geflecht der Markierungen *etwas*, im Inskriptionskomplex » 00 « vielleicht zwei weit aufgerissene Augen; etwas jedenfalls, das in primitiven oder misslungenen Bildern für einen Betrachter vielleicht nur unter großem Bemühen aus dem internen Geflecht der Zeichen hervortritt, das aus manchen freilich so frappierend herausspringen kann, dass wir die dies motivierenden Markierungen selbst gar nicht mehr wahrnehmen.

Ob man ein Zeichenvorkommnis im Lichte der Grammatik dichter oder disjunkter Darstellungssysteme auffasst, ist eine interpretative Entscheidung, die stets unter besonderen Kontextbedingungen getroffen wird. Keines ist an sich und notwendigerweise so oder so zu deuten. Doch wo wir uns entschließen, eine beliebige Inskription als Element eines dicht geordneten Darstellungssystems zu betrachten, dort eröffnen sich freilich unter Umständen Dimensionen ästhetischer Erfahrung. Das erkennt man schon daran, dass das, was man die Vielschichtigkeit, Unausschöpfbarkeit oder »Unsagbarkeit« genannt und »so oft für das Ästhetische in Anspruch genommen oder ihm vorgeworfen hat« (233), gar keine mysteriöse, das Kunstwerk in sich verrätselnde Qualität ist, sondern einfach ein Implikat des in der Kunst verwendeten Darstellungssystems: Wo »es Dichte im Symbolsystem gibt, da ist Vertrautheit« des Sinns, Eindeutigkeit des Gezeigten »niemals vollkommen und endgültig; ein weiteres Hinschauen kann stets entscheidende neue Subtilitäten aufdecken« (239).

Doch die semantische und syntaktische Dichte einer in der Kunst gebrauchten Sprache ist es natürlich nicht allein, die die Qualität des Ästhetischen instantiiert. Die Eigenschaft der Dichte teilt die Darstellungsweise eines künstlerischen Bildes ja z.B. auch mit dilettantischen Bildern wie Schnappschüssen oder mit Diagrammen, die in unterschiedlichen Zusammenhängen ohne jeden künstlerischen Anspruch verwendet werden. Wie Goodman mit einem Beispiel sagt, das bereits auf vergleichbare Argumentationsfiguren bei Danto vorausweist, könnte man sich insofern durchaus vorstellen, dass der »Ausschnitt eines Elektrokardiogramms mit einer Zeichnung des Fudschijama von Hokusai« (212) visuell vollkommen erscheinungsgleich sei. Beide könnten potenziell einen gleichförmigen Linienverlauf zeigen und beide symbolisieren auf syntaktisch und semantisch dichte Weise. Was macht die eine Darstellung zu einem Kunstwerk, die andere zu einem anspruchslosen Notat der elektrischen Aktivitäten aller menschlichen Herzmuskelfasern? Wie Goodman schreibt, macht dieses Beispiel klar, dass der »Unterschied« auch in diesem Falle nicht in den objektiven Eigenschaften der sichtbaren Linie gründe, sondern wiederum »syntaktisch« (ebd.) sei. Wenn wir die Linie als Diagramm ansehen, das die Herzaktivität notiert, gelten uns nur »die Ordinate und die Abszisse von jedem der Punkte, durch die die Mitte der Linie hindurchgeht« (ebd.), als die für es relevanten Deutungsparameter. Wenn wir sie als Kunst ausdeuten, gehen wir dagegen davon aus, dass eine ganze »Fülle« (213) in Rechnung zu stellender Parameter für den Sinn des Werkes konstitutiv sei. »Jede Verdickung oder Verdünnung der Linie, ihre Farbe, ihr Kontrast mit dem Hintergrund, ihre Größe, sogar die Eigenschaften des Papiers – nichts von alldem wird ausgeschlossen, nichts kann ignoriert werden.« (212 f.) Und darum kann man sagen, dass wir dort, wo wir uns unter bestimmten Kontextbedingungen dafür entscheiden, den Gegenstand unserer Bezugnahme im Lichte der Fülle solcher Parameter auszudeuten, einen ästhetischen Gegenstand vor uns haben.

Das dritte Symptom schließlich, das auf das Vorliegen eines ästhetischen Objekts schließen lässt, bezeichnet Goodman mit dem Ausdruck »Exemplifikation«, hinter dem sich ein in den Künsten häufig anzutreffender Typus von Symbolisierung verbirgt. »Exemplifikation«, formuliert Goodman griffig, »ist Besitz plus Bezugnahme.« (60) Sie liegt dann vor, wenn ein Zeichen nicht nur auf etwas, z.B. eine bestimmte Eigenschaft, Bezug nimmt, sondern das, auf was es verweist, zugleich auch besitzt. Ein gutes Beispiel für Exemplifikation, das auch Goodman verwendet, ist ein Stoffmuster, das die Eigenschaften, die es symbolisiert – etwa eine bestimmte Farbe und Stoffqualität – selbst aufweist. In den Künsten kommt diese Art von Symbolisierung in elementarer Form z.B. in abstrakter, gegenstandsloser Farbmalerei vor, in der eine Bildfläche beispielsweise nicht nur rot ist, sondern Röte als solche zugleich exemplifiziert. Darüber hinaus ist Exemplifikation nach Goodmans Analyse in vermittelter Form auch der Symbolisierungsmodus, den wir im Blick haben, wenn wir von der expressiven Dimension von Kunst, kürzer gesagt: vom »Ausdruck« eines Kunstwerkes sprechen. Ausdruck, den wir ansprechen, wenn wir etwa von der »Traurigkeit« eines in Grau- und Schwarztönen gehaltenen Bildes reden, ist nach Goodman nämlich als ein Fall von metaphorischer Exemplifikation zu analysieren: Das Kunstwerk instantiiert ein Prädikat, das metaphorisch auf es zutrifft (vgl. 94).

Wo wir Anlass haben zu sagen, dass die Gegenstände, die wir interpretieren, ihren Gehalt auf syntaktisch und semantisch dichte, eine Fülle relevanter Parameter einbeziehende und zudem exemplifikatorische Weise zur Darstellung bringen, dort ist es nach Goodman wahrscheinlich, dass wir es mit ästhetischen Objekten, also mit Kunstwerken zu tun haben. Deren Symbolisierungsmodi interessieren Goodman in *Sprachen der Kunst* nun freilich nicht um ihrer selbst willen, sondern weil er der Ansicht ist, dass Kunst mittels dieser Modi einen wichtigen Beitrag zum Verständnis der Welt liefere; und zwar nicht anders – und nicht weniger – als die Wissenschaft. Und darum sei es wichtig zu verstehen, wie dies in der Kunst geschehe. Ihr »primäre[r] Zweck«, schreibt er, sei »Erkenntnis an und für sich« (237). Und darum sei der »Unterschied zwischen Kunst und Wissenschaft« – anders als die philosophische Tradition in Goodmans Sicht oft meinte – »nicht der zwischen Gefühl und Tatsache, Eingebung und Folgerung, Freude und Überlegung, Synthese und Analyse, Empfindung und Reflexion, Konkretheit und Abstraktheit, Passio und Actio, Mittelbarkeit und Unmittelbarkeit oder Wahrheit und Schönheit, sondern eher ein Unterschied in der Dominanz bestimmter spezifischer Charakteristika von Symbolen« (243). Statt mittels der Symbolisierungsmodi propositional verfasster Begriffssprachen suche die Kunst nämlich mit ihren dichten, vollen und exemplifikatorischen Darstellungsweisen ebenso wie die Wissenschaft Versionen dessen hervorzubringen, *was* – und *wie* – die Welt für uns ist.

Wenn das so ist, dann ist klar, dass es bei dem, was »ästhetische Erfahrung« heißt, nicht einfach um ästhetische Lustgewinnung oder -befriedigung, eben nicht um Unterhaltung geht. Tatsächlich sieht Goodman »ästhetische Erfahrung als eine Form des Verstehens«, d.h. als »kognitive Erfahrung« (241), die auf Welterkenntnis gerichtet ist. Ihr Charakter sei »eher dynamisch als statisch« (223); sie sei keine »passive Kontemplation des unmittelbar Gegebenen«, wie nach seiner Ansicht eine »hartnäckige Tradition« (222) behauptet, sondern ein aktiver Prozess der Aneignung dessen, was ein Kunstwerk zur Darstellung bringt. »Es geht dabei nämlich um das Treffen feiner Unterscheidungen und das Entdecken subtiler Beziehungen, das Identifizieren von Symbolsystemen und [...] das Identifizieren dessen, was« einzelne Elemente des Werkes zeichenhaft »denotieren und exemplifizieren« (223). Und derartiges »Interpretieren von Werken« ziele auf »die Reorganisation der Welt mit Hilfe der Werke und der Werke mit Hilfe der Welt« (ebd.). Wenn wir in einem dynamischen Prozess ohne Ende Kunstwerke auf solche Weise zu verstehen lernen, heißt dies, sehen wir dadurch die Welt, aber in der Folge auch wiederum die Werke stets neu und anders.

Kunstwerke als Interpretationskonstrukte (Danto)

Wie Nelson Goodman entwirft auch Arthur C. Danto in seinem kunstphilosophischen Hauptwerk *Die Verklärung des Gewöhnlichen. Eine Philosophie der Kunst* (engl.: *The Transfiguration of the Commonplace. A Philosophy of Art*, 1981) »eine analytische Philosophie der Kunst« (13). Dass diese in den kunstphilosophischen Debatten der Gegenwart inzwischen zu den meistbeachteten Theorien gehören dürfte, hat sicher nicht zuletzt damit zu tun, dass Dantos Philosophie der Kunst viel stärker als etwa diejenige Goodmans von konkreten Kunstbeispielen ausgeht, die dem Leser die Relevanz der dantoschen Fragen und Antworten vor Augen führen. Tatsächlich setzen seine Antworten auf die Frage, wann etwas als Kunst gelten könne, dort an, wo der Selbstverständlichkeitsverlust der Künste in der Moderne vollkommen und das Kunstwerk von einem nicht-künstlerischen Alltagsgegenstand ununterscheidbar wurde: dort, wo Künstler nämlich wirklich damit begannen, gewöhnliche Alltagsgegenstände zu Kunstwerken zu verklären.

Für Danto persönlich waren, wie er berichtet (vgl. 11), die aus Sperrholz hergestellten Brillo-Kartons, die Andy Warhol 1964 in New York ausstellte und die mit gewöhnlichen, im Supermarkt käuflichen Packungen der verbreiteten Topfreinigermarke absolut erscheinungsgleich waren, der historische Ausgangspunkt seiner Überlegungen. Aber er weiß natürlich (vgl. 10), dass eigentlich Marcel Duchamp der Ruhm gebührt, die Frage nach Unterscheidungskriterien von Kunst und Nicht-Kunst zuerst radikal aufgeworfen zu haben, als er 1917 unter dem Namen *Fountain* ein seinerzeit handelsübliches Urinoir ausstellte und damit eine Inkunabel der künstlerischen Moderne schuf. Denn hier wird schon früh in der noch relativ jungen Moderne klar, was auch Warhols *Brillo-Boxes* später zeigen, dass »wirklich *keine* materiellen Unterschiede das Kunstwerk vom realen Ding abgrenzen müssen« (11). Tatsächlich muss es gar keine »*Wahrnehmungs*eigenschaft« (77) geben, die einen Unterschied zwischen beiden ausmacht, weil ja, wie gerade Duchamps Arbeit deutlich macht, das reale Ding sogar die materielle Grundlage des Werkes selbst sein kann. Wie kommt es dann aber, dass Duchamps und Warhols Arbeiten Kunstwerke sind, deren reale Gegenstücke aber nicht? Wie kommt es, dass auf Duchamps oder Warhols Werke ästhetische Begriffe wie »gewagt, unverschämt, respektlos, witzig und geistreich« (147) zutreffen (können), auf die realen, erscheinungsgleichen Objekte jedoch nicht?

Wenn Danto seine Antworten auf solche Abgrenzungsfragen exemplarisch anhand der künstlerischen Positionen eines Duchamp oder Warhol erörtert, will er mit der Wahl solcher Beispiele natürlich nicht bestreiten, dass insbesondere Werke der Tradition sinnlich wahrnehmbare, d.h. also: *ästhetische* Qualitäten aufweisen, die uns – mit einer bestimmten Kunstgeschichte vertraut – nicht anders als die von Goodman angeführten Symptome des Ästhetischen als Erkennungszeichen für Kunst dienen können. Vielmehr geht es ihm darum, mit ihrer Hilfe klarzustellen, dass *nichts*, was sich an Kunstwerken oder Alltagsgegenständen wahrnehmen lässt, den *kategorialen* Unterschied von Kunst und Nicht-Kunst zu begründen vermag. Im Gegenteil: Wie er gerade anhand seiner Beispiele zeigen kann, ist die wahrnehmungsvorgängige Überzeugung, ob das, was man vor sich hat, ein Kunstwerk ist oder nicht, umgekehrt oftmals dafür verantwortlich, was wir als ästhetische Qualität des vor Augen Stehenden gewahren und wie wir ästhetisch darauf reagieren. Denn wie Danto illusionslos konstatiert, sind »unsere ästhetischen Reaktionen oft« nichts weiter als »eine Funktion der Überzeugungen, welche wir über ein Objekt haben. [...] Nachdem wir« z.B. wissen, dass das Urinoir, das wir vor Augen haben, «ein

159

Kunstwerk ist«, noch dazu eines, das wie im Falle von *Fountain* in den Kunstdiskursen des 20. Jahrhunderts Karriere gemacht hat wie kaum ein zweites, »können wir eine Einstellung der Achtung und der Ehrfurcht vor ihm einnehmen« (155 f.). Denn wir sind vermutlich vor allem deshalb von Ehrfurcht ergriffen, *weil* wir einer Inkunabel der Moderne leibhaftig gegenüberstehen. Mit Blick auf das Kunstwerk kann man dann durchaus sagen, dass es – um im Beispiel zu bleiben – ein »ehrfurchtgebietender« Gegenstand sei; – was man von einem profanen Urinoir in einer Herrentoilette wohl kaum behaupten würde. Doch muss klar sein, dass »die ästhetischen Eigenschaften«, die man Werken in einem solchen Falle zuspricht, letztlich »eine Funktion ihrer eigenen historischen Identität« (173) sind.

Mit Abgrenzungsversuchen, die ästhetisch, d.h. orientiert an der sinnlichen Wahrnehmung argumentieren, kommt man an den kategorialen Unterschied von Kunst und Nicht-Kunst insofern gar nicht heran. Denn dieser Unterschied betrifft wahrnehmungsunabhängige Aspekte der Ontologie von Kunstwerken und gewöhnlichen Alltagsdingen. Kunstwerke haben nämlich nach Danto – so seltsam diese Behauptung angesichts der Beispiele von Erscheinungsgleichheit anfänglich auch wirken mag – Eigenschaften, die gewöhnlichen Dingen nicht zukommen: Sie zeichnen sich dadurch aus, dass sie von etwas handeln, etwas *über* etwas (die Welt, die Kunst etc.) zur Darstellung bringen. Und in solchem »*Sein-über*«, der »*aboutness*« oder »Bezogenheit« (135; vgl. auch 89 und 112) von Kunstwerken, das ihren erscheinungsgleichen Gegenstücken fehlt, sieht Danto den entscheidenden Unterschied zwischen beiden. Dabei haben Kunstwerke »sozusagen Inhalte erster und zweiter Ordnung« (227). Weil »die Struktur der Kunstwerke die Struktur der Metapher ist oder ihr sehr nahe kommt« (264), sagen Kunstwerke in erster Ordnung dadurch etwas *über* etwas aus, dass das, was sie zeigen, gleichsam als Aussage über etwas verstanden wird. Um ein einfaches Beispiel zu gebrauchen: Wenn Napoleon in einem Kunstwerk metaphorisch *als* römischer Kaiser gezeigt wird, bringt dies etwas über Napoleon zur Darstellung (vgl. 255). In zweiter Ordnung muss man mit Danto aber auch sagen, dass Kunstwerke »zusätzlich zu dem, dass sie über irgend etwas sind, auch darüber sind, wie sie über dieses Etwas sind« (227). Weniger kompliziert ausgedrückt: Mittels ihrer Form thematisieren sie auf selbstbezügliche Weise zugleich die Art und Weise, *wie* die Inhalte erster Ordnung gezeigt werden.

Die Transfiguration, die einen gewöhnlichen Gegenstand in ein Kunstwerk überführt und so den ontologischen Statuswandel herbeiführt, hat nichts Mysteriöses. Sie beruht nach Danto auf Interpretation, denn Kunstwerke *sind* Interpretationskonstrukte. Ohne Interpretation gibt es kein Kunstwerk; oder wie Danto sich ausdrückt: »Das Werk *nicht* zu interpretieren heißt, nicht fähig zu sein, von der Struktur des Werks zu sprechen.« (185) Umgekehrt heißt, es »zu interpretieren [...], eine Theorie anzubieten, worüber das Werk ist und was sein Sujet ist« (184). Eine jede Interpretation wird dabei durch einen »Akt der künstlerischen Identifikation« (193) auf den Weg gebracht, der Bestandteile bzw. Momente des Gegebenen als etwas deutet, in dessen Licht es in seiner Gesamtheit seine spezifische Struktur und seinen Sinn erhält. Solche Identifikationen vollziehen wir bei jeder bewussten Betrachtung oder Beschreibung von Kunstwerken. Genauer gesagt: Mit ihnen wird das Gegebene überhaupt erst zum Werk, weil sie festlegen, wovon es in der Sicht eines Interpreten handeln kann. Im Blick auf ein mit roter Farbe bedecktes Brett sagt man vielleicht: »Das ist reines Pigment. Das Bild handelt davon, was Malerei in Wahrheit ist« und verwandelt den Gegenstand mittels einer einen Bedeutungsraum eröffnenden Identifikation dadurch in ein Kunstwerk. Oder man bemerkt, dass zwei aus dem Wasser ragende Beine auf einem Bild als die Beine des abgestürzten Ikarus identifiziert werden können, weil man erfahren hat, dass der Titel des Bildes, der ja stets »eine *Richtungsangabe* für die Interpretation« (184) darstellt, *Der Sturz des Ikarus* lautet. In Folge einer solchen Identifikation zeigt sich dem Interpreten die Sinnstruktur dessen, was das Bild zeigt, als Ganze anders als zuvor: »*Das Ganze bewegt sich auf einmal.*« (Ebd.) Denn der Sinn, der sich zeigt, *ist* eine »Funktion« (180) dieser (oder ähnlicher) identifikatorischer Entscheidungen.

Wenn Danto sogar betont, dass letztlich »jede Interpretation ein neues Werk konstituiert« (192), dann meint er natürlich nicht, dass Beliebiges auf beliebige Weise interpretiert werden könne; weder dass jederzeit alles Kunst sein könne, noch dass sich Kunstwerke willkürlich interpretieren ließen. Denn sowohl die künstlerische Entscheidung, etwas, z.B. ein Urinoir, als Kunstwerk zu interpretieren und auszustellen, als auch die Rezipientenentscheidung, es als ein Werk, das vom Wesen der Kunst handelt, zu interpretieren und zu akzeptieren, geschehen ja immer in historischen und vor allem kulturellen Kontexten mit ihren je eigenen Regeln folgenden Praxen des ästhetischen Urteilens. Wie Danto schreibt: »Etwas überhaupt als Kunst zu sehen verlangt nichts weniger als das: eine Atmosphäre der Kunsttheorie, eine Kenntnis der Kunstgeschichte. Kunst ist eine Sache, deren Existenz von Theorien abhängig ist.« (207) Und nicht überall und auch nicht zu jeder Zeit erscheint jegliche Interpretation akzeptabel. Vielmehr werden prinzipielle »Grenzen der Interpretation« nach Danto durch die »Grenzen des Wissens« (196) markiert, das dem Produzenten des Kunstwerkes zu seiner Zeit und in seiner Kultur plausiblerweise unterstellt werden kann. Und wenn dies stimmt, kann ein Gemälde, von dem wir wissen, dass es im Jahre 1324 in Italien entstanden ist, eben nicht plausibel als »New York City im Abendlicht« gedeutet werden, sosehr das bildlich

Sichtbare diese Deutung für einen Interpreten auch nahelegen mag.

Akzeptable Interpretationen werden dabei sehr häufig auf die historischen Umstände der Werkentstehung Bezug nehmen müssen, und dies nicht zufällig, denn wann, wie, wo und von wem ein Kunstwerk gemacht wurde, ist ihm nach Danto nicht äußerlich. Im Gegensatz zur oft zu vernehmenden Empfehlung, Kunstwerke in reiner ästhetischer Erfahrung ausschließlich für sich sprechen zu lassen, kann man »diese Faktoren« nämlich »nicht vom Werk abtrennen, da sie das *Wesen* des Werks sozusagen durchdringen« (66). Nur wenn wir diese Faktoren kennen, können wir ja interpretativ bestimmen, wovon ein Werk jeweils handelt. Denn nur, wenn wir wissen, dass eine Skulptur, die wie eine griechische Marmorfigur aussieht, tatsächlich dem Praxiteles zuzuschreiben ist, können wir interpretativ sagen, dass das Werk beispielsweise von einer Göttin handelt. Sähen wir ein erscheinungsgleiches Kunstwerk mit abweichender Ursprungszuschreibung heute in einer Galerie für zeitgenössische Kunst, würde man das, worüber das Werk ist, ganz anders bestimmen müssen. Denn diese Skulptur (selbst dann übrigens, wenn sie faktisch aus der Antike stammen sollte!) handelte *nicht* von einer Göttin, sondern vielleicht von der Frage, was ein Bildhauer, nachdem alles gemacht scheint, überhaupt noch zeigen kann. Überdies wäre sie stilistisch als »antikisierend«, vielleicht als »unzeitgemäß«, vielleicht als »postmodern« zu bezeichnen. Unabhängig davon, was man von diesem Kunstwerk in qualitativer Hinsicht halten mag, träfen jedenfalls ästhetische Begriffe auf es zu, die für die erscheinungsgleiche Skulptur des Praxiteles *weder* zu ihrer Zeit *noch* in einer heutigen Interpretation jemals gegolten hätten. Kontextlose ästhetische Erfahrung, allein auf sich gestellt, käme an diese historische Dimension der Werkidentität gar nicht heran. Und darum sind »die angeblich läppischen Fakten, wo, wann und von wem das Ding hergestellt wurde, für die Erfahrung dieser Kunstwerke« nicht »als irrelevant abzutun« (74).

8. Kunst, Wahrnehmung und Verstehen

An-Blicke

Philosophen, die wie Danto den Charakter von Kunstwerken als Interpretationskonstrukten betonen, wie Goodman die semantischen Regeln künstlerischer Sprachen untersuchen oder wie Wittgenstein die Sprachspielrelativität aller ästhetischen Begriffe herausstellen, werden häufig verdächtigt, die Rolle des *Sich-Zeigens* des Kunstwerkes sowie diejenige der Wahrnehmung von Kunst für ihr angemessenes Verständnis unterzubewerten, wenn nicht gar zu übersehen. Doch beides ist selbstverständlich gar nicht beabsichtigt. Tatsächlich ist nicht zu bestreiten, dass sich z.B. Werke der bildenden Kunst oftmals mit einer unvergleichlichen visuellen Evidenz in den Blick des Betrachters rücken, die Rainer Maria Rilke im letzten Vers des Gedichtes *Archaischer Torso Apollos* geradezu von einem lebensverändernden *Erblickt-Werden* des Betrachters durch das Werk sprechen ließ: »denn da ist keine Stelle, / die dich nicht sieht. Du mußt dein Leben ändern.« *Was wir sehen, blickt uns an*, wie man mit dem Titel eines bekannt gewordenen Buches des Kunsthistorikers Georges Didi-Huberman sagen kann (Didi-Huberman 1999). Denn viele Kunstwerke drängen *sich* auf, *betreffen* den Betrachter.

Wie es scheint, ist eine solche Beschreibung der Kunsterfahrung als eines Widerfahrnisses, das dem Betrachter geschieht, nicht nur eine poetische Metapher zur Charakterisierung der Wirkungskraft mancher Kunstwerke. Der österreichische Psychiater Leo Navratil hat in seinem Buch über *Schizophrenie und Kunst* (Navratil 1995) sogar gemeint, dass etwas, das man als ein Gesehen-Werden beschreiben kann, nicht nur die Kunsterfahrung auszeichne, sondern überhaupt eine dem gewöhnlichen Gegenstandssehen vorgängige Stufe in der kognitiven Entwicklung des Menschen sei. »Der Wahrnehmung von Gegenständen«, schreibt er, »die dem Erwachsenen als Wahrnehmung schlechthin erscheint, geht eine andere Art des Bezugs zur Außenwelt vorher, nämlich das physiognomische Erleben oder Anmutungserleben.« (131) Solches Erleben ist ein durch einen Anblick Betroffen-Sein, wobei der »Ursprung alles Physiognomischen, das uns durch das Auge vermittelt wird«, natürlich »im menschlichen Antlitz« (132) liegt, das *uns* sieht, und nicht in der physiognomischen Valenz von Gegenständen. Freilich ist der An-Blick beider, von Antlitz und Gegenstand, nach Navratil »schon vor der bewußten Unterscheidung von Subjekt und Objekt vorhanden. [...] Aus bestimmten Anmutungsqualitäten« entstünden dann erst »im Laufe der Entwicklung die ›Gestaltqualitäten‹, welche in der Wahrnehmung des Erwachsenen vorherrschen, wenn auch die Anmutungswerte der Erscheinungen weiter ihre Wirkung ausüben« (131). Letzteres sei insbesondere in der Kunst der Fall, denn auf solcher »physiognomischen Valenz« beruhe insbesondere »die ›unmittelbare Lebendigkeit‹ eines Kunstwerkes« (ebd.).

Inwieweit Navratil mit seiner Auffassung recht hat, kann wohl nur empirische entwicklungspsychologische Forschung erweisen. Immerhin ist jedoch bemerkenswert, dass sie sich – was den Befund anbelangt – mit einer Überlegung des späteren Heidegger trifft, was als ein Beleg dafür genommen werden könnte, dass Rilkes Metapher tatsächlich ein Fundament in der Sache der Kunstwahrnehmung hat. Heidegger hat nämlich in seinen so genannten Klee-Notizen, über die Günter Seubold 1993 berichtet hat und die Notizen für einen Vortrag über Paul Klee dargestellt haben sollen, im Blick auf dessen Arbeiten davon gesprochen, dass Kunstwerke »An-blicke« sein können.

In diesen Notizen, die wir nur aus Seubolds Bericht kennen, da sie nach dem Willen Heideggers erst nach Ablauf des Urheberrechts veröffentlicht werden dürfen, geht Heidegger um 1960 der Frage nach, ob Kunstwerke unter Gegenwartsbedingungen noch als der Ort eines Wahrheitsgeschehens zu betrachten seien, wie er im Kunstwerk-Aufsatz behauptet hatte. Und er ist in der Sache keineswegs entschieden, denn er fragt: »Können noch ›Werke‹ sein? Oder ist die Kunst zu anderem be-stimmt?« (Seubold 1993, 11) Den dominierenden Kunsttendenzen seiner Zeit scheint er im Blick auf eine Antwort nicht viel abgewinnen zu können, wie man wohl aus der Notiz »Heutige Kunst: Surrealismus = Metaphysik; abstrakte Kunst = Metaphysik; gegenstandslose Kunst = Metaphysik« (10) herauslesen darf. Klee jedoch nimmt er von diesem Vorwurf aus. Bei Klee sei »nichts Anwesendes«, »kein Gegenstand« dargestellt; Klees Werke seien »nicht mehr bloß eidos, seien ›nicht Bilder, sondern Zustände‹« (11). Denn sie böten keine definitiven Anblicke von etwas, vielmehr sei der »gemäße Anblick« in ihrer Zuständlichkeit überhaupt erst »zu finden« (ebd.). Damit scheint Heidegger zu meinen, dass die Art und Weise, wie diese Werke das je Gezeigte zum Anblick bringen, durch das Modell »Betrachter → Bild«, dem zufolge der Betrachter dem definitiven Anblick des Werkes sich zuwendet, gar nicht angemessen zu erfassen sei. Denn als Zustände bringen sie das, was sie zeigen, überhaupt erst in der Interaktion mit ihrem Betrachter zum Anblick, den sie selbst gewissermaßen anzublicken scheinen. Heidegger bringt dies in seinen Notizen durch einander entgegenlaufende Pfeile »→ | ←« zum Ausdruck, was – wie Seubold vermutet – »offenbar die zwei konstitutiven Komponenten des Anblicks bezeichnen soll, die vom ›Werk‹ und die vom Betrachter ausgehende« (ebd.). Deshalb seien Klees Arbeiten eigentlich gar nicht mehr »›Bilder‹ als ›vorgegebenes Gegenüber‹« von definitiver Ansichtigkeit, sondern selbst gleichsam »An-blick[e]« (ebd.), die den Betrachter (be-)treffen.

Letztlich bleiben Heideggers Klee-Notizen allerdings kryptisch. Und dass dies so ist, hat vielleicht nicht nur damit zu tun, dass diese »17 Zettel« in Heideggers Nachlass in der Form von »stichpunktartige[n] Notizen« (Seubold 1993, 6), in der sie vorliegen, nicht genügend Material für eine die Dunkelheit des Gesagten erhellende Interpretation bieten. Es hat vielleicht auch den Grund, dass die – nicht zuletzt im Anschluss an das erwähnte Buch von Didi-Huberman oft zu vernehmende – Rede vom (An-)Blick des Kunstwerkes eben doch bloß eine poetische Metapher für den Widerfahrnischarakter *mancher* Kunsterfahrung bleibt.

Sinnebenen von Kunstwerken (Panofsky, Imdahl)

Tatsächlich ist nicht jede, sondern nur *manche* Kunsterfahrung durch so etwas wie das Widerfahrnis einer überwältigenden Evidenz des sich präsentierenden Kunstwerkes gekennzeichnet. Im Gegenteil, häufig neigt der Betrachter von Werken der bildenden Kunst sogar dazu, das, was ein Kunstwerk an Sinn manifestiert, partiell zu übersehen, jedenfalls dann, wenn seine Kunstbetrachtung ein bloß »wiedererkennendes Sehen« bleibt, das – anders als ein »sehendes Sehen« – zum ikonischen Sinn gar nicht durchdringt.

Die Unterscheidung eines wiedererkennenden und eines sehenden Sehens geht auf den Kunsthistoriker Max Imdahl (1925-1988) zurück (Imdahl 1988) und hat auch philosophisch einige Beachtung gefunden (vgl. Waldenfels 1994). Imdahl hatte sie eingeführt, um mit dem Ausdruck »sehendes Sehen« jene »spezifisch ikonische Anschauungsweise« (Imdahl 1994, 300) zu kennzeichnen, die den Sinn auf der Ebene des so genannten »ikonischen Bildsinn[s]« (308) gewahrt, um die er das bekannte hermeneutische Modell von Erwin Panofsky (1892-1968) ergänzte. Panofsky hatte an Werken der bildenden Kunst drei Sinnebenen unterschieden, die er als »vorikonographische«, »ikonographische« und »ikonologische« (Panofksky 1978, 50) bezeichnete und die in Imdahls Sicht alle drei nicht mehr als ein bloß wiederkennendes Sehen verlangten. Ein wiedererkennendes Sehen ist nach Imdahl ein solches, das auf Bildern bloß re-identifiziert, was ihm bereits aus der außerbildlichen Seherfahrung vertraut ist. Es ist auf »der Stufe eines vorikonographischen Verstehens« von Bildern gefragt, auf der »die linearen und koloristischen Phänomene des Bildes als Figuren und Dinge begriffen« (Imdahl 1994, 306) werden. Diese Sinnebene ist gewöhnlich die, auf der der kunsthistorisch unversierte Betrachter sich bewegt, wenn er Kunstwerke anschaut. Er erkennt in den sichtbaren Farb- und Formkonstellationen vertraute Gegenstände der Welt wieder, doch bleibt ihm die motivische Bedeutung des innerbildlich (Wieder-)Erkannten in der Regel verschlossen. Um diese zu verstehen, bedarf es nämlich gewisser Hintergrundkenntnis, über die ein Betrachter, der Bilder rein auf vorikonographischer Ebene sieht, zumeist nicht verfügt: der Kenntnis bestimmter motivischer Traditionen in der Kunstgeschichte und vor allem der »*Kenntnis literarischer Quellen*«, wie Panofsky betont (Panofsky 1978, 50). Denn solche Kenntnis ist die Voraussetzung dafür, das auf der vorikonographischen Sinnebene Wiedererkannte auf einer zweiten Ebene dann z.B. im Lichte der für die Motive der europäischen Kunstgeschichte so bedeutsamen biblischen Texte zudem *als* eine Gefangennahme Christi, *als* eine Kreuzabnahme oder Ähnliches zu identifizieren. Die Sinnebene, auf der literarische

Figuren und Motive in Bildern wiedererkannt werden, nennt Panofsky die ikonographische. Und auf ihr bewegt sich die Kunstgeschichte zumeist, konzentriert sich ihre Arbeit an Bildern doch in der Regel darauf, den ikonographischen Sinn von Kunstwerken zu erschließen und interpretativ zu zeigen, wie sich Künstler und Kunstepochen die ikonographische Tradition aneignen, wie sie sie verarbeiten, modifizieren etc. Über den ikonographischen Bildsinn hinaus unterscheidet Panofsky noch eine ikonologische Sinnebene, die »den geistesgeschichtlichen Geltungswert eines Bildes« (Imdahl 1994, 308) betrifft. Sie wird nach Panofsky nicht durch analytische Arbeit, sondern durch Interpretation freigelegt, indem sie das Kunstwerk als Symptom einer zu seiner Entstehungszeit virulenten Geisteshaltung oder -strömung, die Lichtführung der Fenster einer gotischen Kathedrale z.B. als Ausdruck neuplatonischer Lichtmetaphysik auffasst. Doch auch auf dieser Sinnebene ist nicht mehr als ein wiedererkennendes Sehen gefragt.

Es kann kein Zweifel daran bestehen, dass Panofskys Unterscheidung der drei genannten Sinnebenen von Kunstwerken sinnvoll und fruchtbar ist. Doch insbesondere im Falle von Kunstbildern geht nach Imdahl deren Sinn nicht in dem auf, was auf diesen Ebenen erfasst wird. Und darum ergänzte er Panofskys Drei-Stufen-Modell um die erwähnte Ebene eines ikonischen Bildsinns. Dieser betrifft diejenigen Sinngehalte in Kunstbildern, die sich spezifisch aus der innerbildlichen Art und Weise des Zur-Sichtbarkeit-Bringens ergeben. Von einem bloß wiedererkennenden, in dem Moment, in dem begriffliche (Re-)Identifikation möglich wird, eigentlich gar nicht mehr hinschauenden Sehen wird er gewöhnlich übersehen. Auch durch ikonographische Gelehrsamkeit und ikonologische Interpretationskunst ist an ihn gar nicht heranzukommen. Dazu bedarf es vielmehr einer sich auf die nicht-literarischen Aspekte des Bildes einlassenden, spezifisch ikonischen Anschauungsweise, die Imdahl ein sehendes Sehen nennt. Es ist ein Sehen, das durch das Bild gewissermaßen allererst sehend wird, das sich von der Art und Weise einer innerbildlichen Organisation etwas zeigen lässt.

Dabei ist der ikonische Bildsinn, den sehendes Sehen gewahren kann, als ein durch die visuelle Evidenz einer Bildkonfiguration vermittelter Sinn für Imdahl etwas, das sich letztlich »aller sprachlichen Substitution widersetzt« (310), d.h. allein durch die Mittel des Bildes zum Ausdruck gebracht werden *kann*. In seinem Text *Ikonik. Bilder und ihre Anschauung* (Imdahl 1994) demonstriert er dies anhand einer Reihe von Beispielen, die im vorliegenden Zusammenhang nicht wiedergegeben werden können: u.a. am Beispiel einer ottonischen Buchmalerei aus der Zeit um 980 n.u.Z., die die neutestamentliche Erzählung von der Bitte des Hauptmanns von Kapernaum zum Thema hat und die die Figur des Jesus von Nazareth zwischen einer Gruppe von Aposteln am linken sowie dem Hauptmann und seinem Gefolge am rechten Bildrand zeigt. An diesem Bild macht Imdahl klar, dass es sich zu jenem neutestamentlichen Text, der ihm ikonographisch gesehen zugrunde liegt, keineswegs bloß illustrativ verhält, weshalb sein Gehalt weder mittels einer ikonographischen Identifikation der Textquelle noch mit einer ikonologischen Einordnung seines geistesgeschichtlichen Geltungswertes erschöpft werden kann. Vielmehr kann er durch eine formale Analyse nachweisen, dass das Bild dem »sehend sehenden«, also nicht nur auf rasche Identifikation von Vertrautem bedachten Betrachter etwas vor Augen stellt, das durch die Sprache der Begriffe *in keiner Weise* zur Darstellung gebracht werden kann. Denn Jesus wird, wie Imdahl eindrücklich zeigt, in diesem Bild »zugleich und gleichermaßen [...] als der in der Geschichte Handelnde und als der über die Geschichte Erhobene« (305) dargestellt. Wenn dies – in grober Näherung – den ikonischen, ausschließlich dem sichtbar Dargestellten verdankten Bildsinn ausmacht, muss man freilich sagen: »Die Sprache liefert kein Wort« (312) für dergleichen. Im Gegenteil: »Zur Erfahrungsevidenz« einer solchen Ineinsetzung, schrieb Imdahl zu Recht, »bedarf es des Bildes und seiner spezifisch ikonischen Anschauung.« (Ebd.) Ohne es müsste solcher Sinn – an den Maßstäben diskursiver Rationalität gemessen – ja als ein manifester Widerspruch erscheinen. Doch im Angesicht des Bildes erscheint er nicht so, und dies macht zugleich deutlich, worin die Unersetzlichkeit von Bildern für den Erkenntnishaushalt des Menschen gesehen werden kann: Als Kunstwerke vermögen sie Dimensionen von Sinn zum Ausdruck zu bringen, die für die Sprache des Begriffs stets und prinzipiell uneinholbar bleiben.

Kunsterklärung und Kunstverständnis (Nochmals Wittgenstein)

Gleichgültig freilich, ob sich die Erfahrung des Sinns von Kunstwerken als das Widerfahrnis eines (An-)Blicks ereignet oder ob sie sich einem aktiven, sehend sich auf das Werk einlassenden Sehen verdankt; in beiden Fällen ist es nicht leicht zu sagen, was es heißt, das Kunstwerk in Folge solcher Erfahrung zu verstehen. Was ist Kunstverständnis überhaupt? Ist es eine spezifische Art von Verstehen, für das die philosophische Hermeneutik zuständig ist? Viele werden sich scheuen, auf solch essentialistisch klingende »Was-ist-X«-Fragen heute, da der Verdacht, dass die Ontologie des Mentalen ebenso wie des Sozialen prinzipiell sprachabhängig sein könnte, nicht so leicht von der Hand zu weisen scheint, ohne Umschweife zu antworten. Darum vorsichtiger gefragt: Gibt es wenigstens irgendwelche Merkmale, die all dem zukommen, was wir in irgendeinem Kontext als »Verständnis von Kunst« bezeichnen?

Wittgenstein, der den angeführten Verdacht maßgeblich gesät hat, hat über das, was Kunstverständnis heißt, in Form der letztgestellten Frage nachgedacht. Und in einer langen Bemerkung des Jahres 1948, die er »Das Verstehen und die Erklärung einer musikalischen Phrase« (1984b, 548) überschrieb, legte er am Beispiel der Musik dar, dass das, was wir als »Verstehen« bzw. »Verständnis eines Kunstwerkes« bezeichnen, jedenfalls weder etwas mit aktartigen, die äußere Wahrnehmung von Kunstwerken begleitenden (inneren) Bewusstseinsvorgängen noch mit »spezifische[n] *Erlebnisinhalt*[*en*]« (549) zu tun haben kann. Beides mag bei Menschen in konkreten Fällen des Kunstverstehens vorkommen oder auch nicht. Ein Merkmal, das jegliches Kunstverständnis definierte, kann beides nach Wittgenstein aber schon deshalb nicht sein, weil wir von den inneren Vorgängen oder spezifischen Erlebnisinhalten im Bewusstsein eines Menschen ja in der Regel gar nichts wissen, wenn wir ihm Kunstverständnis zusprechen. Wenn wir dies tun, sind wir – wie er beobachtet – vielmehr an einem losen Bündel von manifesten Ausdrucksphänomenen als Kriterien orientiert, also am Benehmen, Handeln oder Reden der Person, der wir dies attestieren. Denn, um bei diesem Beispiel zu bleiben, was »Verständnis von Musik« heißt, hat für uns selbst »einen gewissen *Ausdruck*, sowohl während des Hörens und Spielens, als auch zu andern Zeiten. Zu diesem Ausdruck gehören manchmal Bewegungen, manchmal aber nur, wie der Verstehende das Stück spielt, oder summt, auch hier und da Vergleiche, die er zieht, und Vorstellungen, die die Musik gleichsam illustrieren. Wer Musik versteht, wird anders (mit anderem Gesichtsausdruck, z.B.) zuhören, reden, als der es nicht versteht.« (Ebd.)

Insbesondere zeichnen sich Kunstexperten durch eine bestimmte Art zu reden aus, auf die Wittgenstein hinweist, wenn er bemerkt, dass »in Gesprächen über ästhetische Gegenstände«, in denen Kunstwerke erklärt werden, oftmals »Worte gebraucht werden« wie: »›Du musst es *so* sehen, so ist es gemeint‹; ›Wenn Du es *so* siehst, siehst Du, wo der Fehler liegt‹; ›Du musst diese Takte als Einleitung hören‹; ›Du musst nach dieser Tonart hinhören‹; ›Du musst es *so* phrasieren‹« (2001, 1038 f.) und so weiter. Der Kenner macht mittels solcher und ähnlicher Formulierungen auf die Möglichkeit aufmerksam, am jeweiligen Werk einen bestimmten Aspekt zu bemerken, in dessen Licht seine innere Struktur verständlich und interpretierbar wird. Und angelehnt an diese Beobachtung über unsere Sprachpraxis in aestheticis kann man sagen, dass dasjenige, was Verstehen eines Kunstwerkes heißt, für Wittgenstein »etwas Ähnliches ist wie das Sehen eines neuen Gegenstandsaspekts« (Schulte 1990, 84).

In seinem Manuskriptband 144, der den meisten Lesern als so genannter Teil II der *Philosophischen Untersuchungen* bekannt ist, hat Wittgenstein das, was er als »das Bemerken eines Aspekts« (2001, 1024) bzw. – vom Gegenstand her gesehen – als das »›Aufleuchten‹ des Aspekts« (1026) bezeichnet, allerdings nicht an Kunstbeispielen, sondern anhand einer Reihe von einfachen Figuren diskutiert, u.a. anhand einer Abbildung aus Joseph Jastrows Buch *Fact and Fable in Psychology* (1901), die als »H-E-Kopf«, »als Hasenkopf, oder als Entenkopf« (1025), gesehen werden kann, berühmt wurde.

Doch auch an einem trivialen Beispiel wie diesem lässt sich deutlich machen, was der Kenner im Blick auf Kunstwerke tut (für eine Anwendung der Argumentation auf ein konkretes Kunstbeispiel vgl. Majetschak 2007b). Denn den H-E-Kopf zeichnet aus, was auch für Kunstwerke gilt, nämlich multiaspektisch gelesen werden zu können.

Konkret gesprochen, wird in dieser einfachen Figur eine uns vertraute Malweise – die Konvention, Gestalt durch Umrisslinien zu repräsentieren – so verwendet, dass die vorliegende Inskription zwei verschiedene Bildgegenstände zu identifizieren erlaubt. Dies ist gewissermaßen die Pointe dieses primitiven Bildes. Von dem, dem sie entgeht, der also im H-E-Kopf als Bildgegenstand stets einen – wie Wittgenstein sagt – »Bildhasen« (1026) sieht, wird man deshalb vermutlich sagen, dass er das Bild nicht versteht, weil ihm ein Aspekt entgeht, den man bemerken *kann*. Und so wird man vielleicht versuchen, ihm zum Verständnis zu verhelfen, indem man sagt: »Du musst das Bild als Ente sehen!«, eventuell auch: »Du musst die linke Seite des Bildes als Schnabel einer Ente sehen! Dann erschließt sich dir das Bild« oder Ähnliches. Man wird ihn also auf die bemerkbaren Aspekte hinweisen. Und möglicherweise wird dies dazu führen, dass der Betrachter auf die im Bild angelegte Möglichkeit des Aspektwechsels nun aufmerksam wird und sieht, dass die Inskription multiple Lesarten zulässt. *Wenn* dies der Fall ist, versteht er die Inskription anders, und vielleicht wird er nun sagen »Jetzt sehe ich es *als* Ente« oder gar durch eine Formulierung wie »Das ist ein Kippbild, das man *als* Hase und *als* Ente sehen kann!« seinem neuen Verständnis in einer Interpretation Ausdruck verleihen.

Was nun – und dies ist der Punkt, um den es hier geht – im Falle des H-E-Kopfes »Verstehen und Erklären des Bildes« heißt, nämlich die unterschiedlichen Aspekte zu bemerken, auf die Erklärungen der Form »Du musst dies *als* das sehen« hinweisen, ist dem, was wir Verstehen und Erklären in der Kunst nennen, auf mehr als äußerliche Weise vergleichbar. Freilich liegt der Fall bei zahlreichen, ja vermutlich bei den meisten Kunstwerken ein wenig komplizierter. Wenn wir angesichts ihrer visuellen oder auditiven Präsenz auf einen Aspekt hinweisen und sagen »Du musst diese Taktfolge als Einleitung hören« oder »Du musst die Jesus-Figur in der ottonischen Miniatur als zugleich über und in den ihr beigeordneten Gruppen stehend sehen« und dadurch Verstehens- bzw. Deutungshorizonte eröffnen, beziehen wir uns ja nicht immer auf etwas, das sich als eine objektive Eigenschaft des Gegenstandes unserer Bezugnahme ausweisen ließe. Vielmehr muss man angesichts von Kunstwerken in vielen Fällen sagen, »was ich im Aufleuchten des Aspekts wahrnehme, ist nicht eine Eigenschaft des Objekts, es ist eine interne Relation zwischen ihm und andern Objekten« (1056), die dem Betrachter überhaupt nur aufgeht, *weil* ein Interpret das jeweilige Werk in einen passenden, bislang nicht beachteten Vergleichskontext einrückt. Denn die Möglichkeit, einen Aspekt zu entdecken, muss einem Kunstwerk ja nicht wie dem H-E-Kopf eingeschrieben sein. Vielmehr wird eine interne Relation zwischen dem, was wir als Kunstwerk vor Augen haben, und dem, *als was* es sich verstehen lässt, überhaupt erst aufgrund einer bestimmten Kontextualisierung klar.

An einem einfachen Beispiel kann Wittgenstein dies verdeutlichen. »Man könnte sich denken«, schreibt er, »dass an mehreren Stellen eines Buches, z.B. eine Lehrbuches, die Illustration

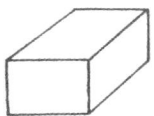

stünde. Im dazugehörigen Text ist jedesmal von etwas anderem die Rede: Einmal von einem Glaswürfel, einmal von einer umgestülpten offenen Kiste, einmal von einem Drahtgestell, das diese Form hat, einmal von drei Brettern, die ein Raumeck bilden. Der Text deutet jedesmal die Illustration.« (1024 f.) Und je nach Kontext können wir »die Illustration« dann »einmal als das eine, einmal als das andre Ding *sehen*« (ebd.). Sehr häufig werden die Kontextualisierungen, die wir im Blick auf die vor Augen stehenden Inskriptionen vornehmen, wie Wittgenstein sagt, dabei einfach Erdichtungen sein. Und er demonstriert dies wieder an einem einfachen Zeichen. »Von einem beliebigen Schriftzeichen«, notiert er, »diesem etwa – ℋ kann ich mir vorstellen, es sei der streng korrekt geschriebene Buchstabe irgend eines fremden Alphabets. Oder aber, es sei ein fehlerhaft geschriebener; und zwar fehlerhaft auf die eine, oder andere Weise: z.B. schleuderhaft, oder typisch kindisch-ungeschickt, oder bürokratisch verschnörkelt. Es könnte in verschiedener Weise vom korrekt geschriebenen abweichen. – Und je nach der Erdichtung, mit der ich es umgebe, kann ich es in verschiedenen Aspekten sehen.« (1053)

Was von diesem simplen Zeichen gilt, gilt natürlich für Kunstwerke mit ihrer häufig komplexen Binnendifferenzierung, die zahlreiche Kontextualisierungen veranlassen können, in besonderem Maße. Denn gerade im Blick auf Kunstwerke wird die Fähigkeit einzelner Personen, die wir Kennerschaft nennen, eben darin bestehen, mittels passender Kontextualisierungen interne Relationen zwischen der vorliegenden Werkgestalt und anderen Objekten überhaupt erst hervortreten zu lassen und damit Aspekte sichtbar zu *machen*, in deren Licht das Kunstwerk *verstanden* werden kann. Und insbesondere auf diesem Gebiet werden solche Kontextualisierungen häufig Erdichtungen sein, zu denen es auf Seiten des Kenners, wie Wittgenstein sagt, der

»*Vorstellungskraft*« (1047), der »Fantasie« (1058) bedarf. Denn sie müssen ihm als passende, Aspekte erschließende und damit Verständnis eröffnende Kontextualisierungen ja überhaupt erst einmal *einfallen*.

Der Kunstexperte, dem die passenden Kontextualisierungen einfallen, die ein Werk verständlich machen, wird dabei wohl zunächst »gewisse Vergleiche – die Zusammenführung von bestimmten Fällen« – anbieten. Und solche Vergleiche, meinte Wittgenstein, seien auch das, was »wir wirklich wollen, um ästhetische Rätsel zu lösen« (2000, 46), mit denen uns manche Werke konfrontieren. Er wird also etwas sagen wie: »Du musst dies *als* das sehen« etc., wobei der Hinweis auf den zu bemerkenden Aspekt natürlich nicht als Aufforderung formuliert sein muss, sondern gewöhnlich die Form einer Sachbeschreibung, z.B. »In der ottonischen Miniatur ist die Jesus-Figur *als* den Nebenfiguren übergeordnet und zugleich als beigeordnet zu sehen«, annehmen wird. Oder »manchmal«, wenn es um Musik geht, wird er auf »eine Ähnlichkeit zwischen dem Stil eines Musikers und dem Stil eines Dichters oder Malers, der zu gleichen Zeit lebte« (50), hinweisen. Denn jemandem »Verständnis für Gedichte oder Malerei beibringen, kann«, wie Wittgenstein meinte, durchaus »zur Erklärung dessen gehören, was Verständnis für Musik« (1984b, 550) ausmacht. Auf jeden Fall aber wird er durch eine passende Kontextualisierung eine interne Relation zwischen der Binnenstruktur des Werkes und dem, was das Werk in sich ausdrückt oder wovon es nach Ansicht des Interpreten handelt, herzustellen versuchen.

Weil freilich alles, was der Kenner sagen wird, zuletzt davon lebt, dass er das Werk mit der geeigneten Erdichtung zu umgeben vermag, beruhen ästhetische Erklärungen nach Wittgenstein grundsätzlich auf nichts anderem als Akzeptanz. D.h.: »Man muss die Erklärung geben, die akzeptiert wird. Das ist der ganze Witz der Erklärung.« (2000, 33) Der Aspekt, auf den sie hinweist, ist ja keine Eigenschaft des Objekts und deshalb auch nicht mittels der Kriterien, die wir normalerweise zur Verifikation oder Falsifikation von Sachaussagen verwenden, auszuweisen. Und auch auf irgendwelche erklärungsunabhängigen Instanzen oder Maßstäbe, die wir in den Sprachspielen unserer Kultur als »gute Gründe« gelten lassen, kann man nicht verweisen. Darum muss der, dem ich eine solche ästhetische Erklärung etwa im Hinblick auf eine Passage eines Musikstückes gebe, »die Erklärung« natürlich »nicht *annehmen*; es ist ja nicht, als hätte ich ihm sozusagen überzeugende Gründe dafür gegeben, dass diese Stelle vergleichbar ist dem und dem. Ich erkläre ihm ja, z.B., nicht aus Äußerungen des Komponisten, diese Stelle habe das und das darzustellen.« (1984b, 548)

Selbstverständlich stimmt es, dass *bestimmte* Erklärungsmuster, bestimmte Arten und Weisen, Kunstwerke mit Erdichtungen zu umgeben, zu *bestimmten* Zeiten eher überzeugen als andere. »Zu gewissen Zeiten«, sagte Wittgenstein, »ist die Anziehungskraft einer bestimmten Art von Erklärung größer, als man sich vorstellen kann.« (2000, 40) Als er seine *Vorlesungen über Ästhetik* Ende der dreißiger Jahre hielt, waren psychoanalytische Erklärungsmuster außerordentlich verbreitet, die er in diesen Vorlesungen ausführlich und kritisch diskutiert. Auf die heutige Kunstwissenschaft und Kunstkritik üben offenbar intertextualistische bzw. interpikturalistische Erklärungsmuster einen besonderen Reiz aus, die in Texten und Bildern andere Texte und Bilder durchscheinen sehen. Doch ob diese oder irgendeine andere Erklärungsart das Werk für jemanden wirklich verständlich macht, muss prinzipiell offen bleiben.

Anhang

Literatur

Adorno, Theodor W. (1977): Ästhetische Theorie, hrsg. von Gretel Adorno/Rolf Tiedemann, Frankfurt am Main, 3. Aufl.
Alberti, Leon Battista (2000): Das Standbild, Die Malkunst, Grundlagen der Malerei, Lat.-dt., hrsg. von Oskar Bätschmann/Christoph Schäublin, Darmstadt.
Aristoteles (1979): Poetik. Griech.-dt., übers. von Walter Schönherr, Leipzig.
Bätschmann, Oskar (1997): Ausstellungskünstler. Kult und Karriere im modernen Kunstsystem, Köln.
Baumgarten, Alexander Gottlieb (1983): Texte zur Grundlegung der Ästhetik [Metaphysica §§ 501-623], Lat.-dt., übers. und hrsg. von Hans Rudolf Schweizer, Hamburg.
– (1988): Theoretische Ästhetik. Die grundlegenden Abschnitte aus der »Aesthetica« (1750/58), Lat.-dt., übers. und hrsg. von Hans Rudolf Schweizer, Hamburg, 2. Aufl.
Beardsley, Monroe C. (1983): An Aesthetic Definition of Art, in: Lamarque/Olsen 2012.
Bluhm, Roland/Schmücker, Reinold [Hrsg.] (2005): Kunst und Kunstbegriff. Der Streit um die Grundlagen der Ästhetik, Paderborn, 2. Aufl.
Boehm, Gottfried [Hrsg.] (1994): Was ist ein Bild?, München.
Burke, Edmund (1989): Philosophische Untersuchung über den Ursprung unserer Ideen vom Erhabenen und Schönen, hrsg. von Werner Strube, Hamburg, 2. Aufl.
Danto, Arthur Coleman: (1964): The Artworld, in: Lamarque/Olsen 2012.
– (1996): Wiedersehen mit der Kunstwelt: Komödien der Ähnlichkeit, in: ders., Kunst nach dem Ende der Kunst, München.
– (1999): Die Verklärung des Gewöhnlichen. Eine Philosophie der Kunst, Frankfurt am Main, 4. Aufl.

Dickie, George (1983): The New Institutional Theory of Art, in: Lamarque/Olsen 2012.
Didi-Huberman, Georges (1999): Was wir sehen blickt uns an. Zur Metapsychologie des Bildes, München.
Dürer, Albrecht (1993): Schriften und Briefe, hrsg. von Ernst Ullmann, Leipzig.
Fiedler, Konrad (1991): Schriften zur Kunst, hrsg. von Gottfried Boehm, 2 Bde., München, 2. Aufl.
Gehlen, Arnold (1960): Zeit-Bilder. Zur Soziologie und Ästhetik der modernen Malerei, Frankfurt am Main/Bonn.
Goodman, Nelson (1984): Weisen der Welterzeugung, Frankfurt am Main.
– (1995): Sprachen der Kunst. Entwurf einer Symboltheorie, Frankfurt am Main.
Greenberg, Clement (1997): Die Essenz der Moderne. Ausgewählte Essays und Kritiken, hrsg. von Karlheinz Lüdeking, Amsterdam/Dresden.
Harrison, Charles/Wood, Paul [Hrsg.] (1998): Kunsttheorie im 20. Jahrhundert. Künstlerschriften, Kunstkritik, Kunstphilosophie, Manifeste, Statements, Interviews, Ostfildern.
Hegel, Georg Wilhelm Friedrich (1986): Werke, hrsg. von Eva Moldenhauer und Karl Markus Michel, Frankfurt am Main (Vorlesungen über die Ästhetik, Bde. 13 [I], 14 [II], 15 [III]).
Heidegger, Martin (1960): Der Ursprung des Kunstwerkes, Stuttgart.
Heinemann, Gottfried (2005): Platon, Aristoteles und die Kunsttheorie der griechischen Antike, in: Majetschak 2005a.
Heubach, Friedrich Wolfram (1997): Sigmar Polke – Frühe Einflüsse, späte Folgen oder: Wie kamen die Affen in mein Schaffen? und andere ikono-biographische Fragen, in: Sigmar Polke. Die drei Lügen der Malerei, hrsg. von der Kunst- und Ausstellungshalle der Bundesrepublik Deutschland (Katalog), Bonn.
Hinz, Berthold (1998): Aphrodite. Geschichte einer abendländischen Passion, München/Wien.
Imdahl, Max (1988): Giotto – Arenafresken. Ikonographie – Ikonologie – Ikonik, München, 2. Aufl.
– (1994): Ikonik. Bilder und ihre Anschauung, in: Boehm 1994.

- (1996): Barnett Newman: »Who's Afraid of Red, Yellow and Blue III«, in: ders., Zur Kunst der Moderne. Gesammelte Schriften Bd. 1, hrsg. von Angeli Janhsen-Vukicevic, Frankfurt am Main.
Jean Paul [Johann Paul Friedrich Richter] (1990): Vorschule der Ästhetik, hrsg. von Wolfhart Henckmann, Hamburg.
Kant, Immanuel (1979): Kritik der reinen Vernunft, hrsg. von Raymund Schmidt, Leipzig.
- (1968): Kritik der Urtheilskraft, in: Kants gesammelte Schriften, hrsg. von der Königlich Preußischen Akademie der Wissenschaften, ND Berlin 1968, Bd. V.
- (1982): Beobachtungen über das Gefühl des Schönen und Erhabenen, in: ders., Werkausgabe, Bd. 2, hrsg. von Wilhelm Weischedel, Frankfurt am Main, 4. Aufl.
Kosuth, Joseph (1969): Art after Philosophy, dt. als ›Kunst nach der Philosophie‹ in: Harrison/Wood 1998.
Kreuzer, Johann (2005): Kunstphilosophie im Mittelalter. Von Augustinus (354-430) bis Nikolaus von Kues (1401-1464), in: Majetschak 2005a.
Lamarque, Peter/Olsen, Stein Haugom [Hrsg.] (2012): Aesthetics and the Philosophy of Art – The Analytic Tradition. An Anthology, Malden/Oxford/Carlton.
Leibniz, Gottfried Wilhelm (1982): Vernunftprinzipien der Natur und der Gnade/Monadologie, Frz.-dt., hrsg. von Herbert Herring, Hamburg, 2. Aufl.
- (1985): Betrachtungen über die Erkenntnis, die Wahrheit und die Ideen, in: Kleine Schriften zur Metaphysik, Lat.-dt., hrsg. von Hans Heinz Holz, Darmstadt, 2. Aufl.
Levinson, Jerrold (1979): Defining Art Historically, in: Lamarque/Olsen 2012.
Longinus (1988): Vom Erhabenen, Griech.-dt., übers. u. hrsg. von Otto Schönberger, Stuttgart.
Lüdeking, Karlheinz (1998): Analytische Philosophie der Kunst. Eine Einführung, München.
Lyotard, Jean-François (1994): Die Analytik des Erhabenen. Kant-Lektionen, München.
- (1996): Beantwortung der Frage: Was ist postmodern?, in: ders., Postmoderne für Kinder. Briefe aus den Jahren 1982-1985, Wien, 2. Aufl.

- (2001): Das Inhumane. Plaudereien über die Zeit, Wien., 2. Aufl.

Majetschak, Stefan (1991): Kants »Analytik des Erhabenen« und das System der Erfahrung, in: Akten des Siebenten Internationalen Kant-Kongresses, hrsg. von Gerhard Funke, Bd. II.1, Bonn.
- (1992): Die Logik des Absoluten. Spekulation und Zeitlichkeit in der Philosophie Hegels, Berlin.
- (1993a): Der Stil der Natur im Erhabenen. Über den systematischen und den spekulativen Sinn der Kantischen »Analytik des Erhabenen«, in: Tilman Borsche/Johann Kreuzer/Helmut Pape/Günter Wohlfart (Hrsg.), Zeit und Zeichen, München.
- (1993b): Die Überwindung der Schönheit. Konrad Fiedlers Kunstphilosophie, in: Allgemeine Zeitschrift für Philosophie 18.3 (1993).
- [Hrsg.] (1997): Auge und Hand. Konrad Fiedlers Kunsttheorie im Kontext, München.
- (2003): Die Modernisierung des Blicks. Über ein sehtheoretisches Motiv am Anfang der modernen Kunst, in: Michael Hauskeller (Hrsg.), Die Kunst der Wahrnehmung. Beiträge zu einer Philosophie der sinnlichen Erkenntnis, Zug/Kusterdingen.
- (2004): »Die Schönen Dinge zeigen an, dass der Mensch in die Welt passe«. Metaphysische Implikationen in Kants Begriff der Schönheit, in: Heinz Eidam/Frank Hermenau/Draiton de Souza (Hrsg.), Metaphysik und Hermeneutik. FS H.-G. Flickinger, Kassel.
- [Hrsg.] (2005a): Klassiker der Kunstphilosophie. Von Platon bis Lyotard, München.
- (2006a): Genialität. Zur philosophischen Deutung der Kreativität des Künstlers, in: Günter Abel (Hrsg.), Kreativität. XX. Deutscher Kongreß für Philosophie. 26.-30. September 2005 an der Technischen Universität Berlin. Kolloquienbeiträge, Hamburg.
- (2006b): Was sind und worüber sprechen ästhetische Urteile? Zur semantischen Struktur des Kunsturteils und des Kunstwerkes, in: Gertrud Koch/Christiane Voss (Hrsg.), Zwischen Ding und Zeichen. Zur ästhetischen Erfahrung in der Kunst, München.
- (2007a): Erhabene Schönheit, schöne Erhabenheit. Überlegungen zur impliziten Ästhetik der modernen Kunst, in: Cathrin Gutwald/Raimar Zons (Hrsg.), Die Macht der Schönheit, München.
- (2007b): Kunst und Kennerschaft. Wittgenstein über das Verständnis und die Erklärung von Kunstwerken, in: ders./Wilhelm Lütterfelds

(Hrsg.), Ethik und Ästhetik sind Eins. Beiträge zu Wittgensteins Ästhetik und Kunstphilosophie, Wittgenstein-Studien Bd. 15, Frankfurt am Main.
- (2009): Die Sichtbarkeit des Bildes und der Anblick der Welt. Über einige Anregungen Konrad Fiedlers für die Bild- und Kunsttheorie, in: Klaus Sachs-Hombach (Hrsg.), Bildtheorien. Anthropologische und kulturelle Grundlagen des Visualistic Turn, Frankfurt am Main.
- (2012): Die Kommentarbedürftigkeit der Kunst. Überlegungen im Anschluss an Arnold Gehlen, Joseph Kosuth und Arthur Danto, in: Andreas Beyer, Danièle Cohn (Hrsg.), Die Kunst denken. Zu Ästhetik und Kunstgeschichte, Berlin.
- (2013): Ästhetische Kontingenz und künstlerische Form. Überlegungen zu ihrem Verhältnis in Kunstwerken, in: Frédéric Döhl, Daniel Martin Feige, Thomas Hilgers, Fiona McGovern (Hrsg.), Konturen des Kunstwerks. Zur Frage von Relevanz und Kontingenz, München.

Meier, Georg Friedrich (1976): Anfangsgründe aller schönen Wissenschaften [Bd. 1-3], Halle 1748-50, 2., verb. Aufl. 1754-59, ND Hildesheim.

Mendelssohn, Moses (1986): Ästhetische Schriften in Auswahl, hrsg. von Otto F. Best, Darmstadt.

Navratil, Leo (1995): Schizophrenie und Kunst, überarbeitete Neuausgabe, Frankfurt am Main.

Newman, Barnett (1996): The Sublime is Now – Das Sublime ist jetzt, in: ders., Schriften und Interviews 1925–1970, hrsg. von John O'Neill, Bern/Berlin.

Panofsky, Erwin (1978): Sinn und Deutung in der bildenden Kunst, Köln.

Perpeet, Wilhelm (1977): Ästhetik im Mittelalter, Freiburg/München.
- (1988): Antike Ästhetik, Freiburg/München, 2., durchges. Aufl.

Platon (1957): Hippias Maior / Politeia / Symposion / Ion, in: Sämtliche Werke, hrsg. von Walter F. Otto/Ernesto Grassi/Gert Plamböck, übers. von Friedrich Schleiermacher, Hamburg.

Plinius d. Ä. (1997): Naturkunde/Naturalis Historiae. Buch XXXV, Lat.-dt., hrsg. u. übers. von Roderich König in Zus. mit Gerhard Winkler, Düsseldorf/Zürich, 2. Aufl.

Pöggeler, Otto (2002): Bild und Technik. Heidegger, Klee und die Moderne Kunst, München.

Pries, Christine [Hrsg.] (1989): Das Erhabene. Zwischen Grenzerfahrung und Größenwahn, Weinheim.

Quintilian (1995): Ausbildung des Redners. Zwölf Bücher, Lat.-dt., hrsg. und übers. von Helmut Rahn, Darmstadt, 3. Aufl.

Recki, Birgit (2001): Ästhetik der Sitten. Die Affinität von ästhetischem Gefühl und praktischer Vernunft bei Kant, Frankfurt am Main.

Rosenkranz, Karl (1996): Ästhetik des Häßlichen, mit einem Nachwort hrsg. von Dieter Kliche, Leipzig, 2., überarb. Aufl.

Scheer, Brigitte (1997): Einführung in die philosophische Ästhetik, Darmstadt.

Schelling, Friedrich Wilhelm Joseph (1985a): System des tranzendentalen Idealismus, in: ders., Ausgewählte Schriften in 6 Bde., hrsg. von Manfred Frank, Bd. 1, Frankfurt am Main.

– (1985b): Philosophie der Kunst, in: Ausgewählte Schriften (1985a), Bd. 3, Frankfurt am Main.

Schiller, Friedrich (1966): Über das Erhabene, in: ders., Werke in drei Bänden, hrsg. von Herbert G. Göpfert, Bd. II, München.

Schmidt, Jochen (1985): Die Geschichte des Genie-Gedankens in der deutschen Literatur, Philosophie und Politik 1750-1945, 2 Bde., Darmstadt.

Schmücker, Reinold (2005): Der Streit um die Grundlagen der Ästhetik, in: Bluhm/Schmücker 2005.

Schneider, Norbert (1996): Geschichte der Ästhetik von der Aufklärung bis zur Postmoderne. Eine paradigmatische Einführung, Stuttgart.

Schulte, Joachim (1990): »Ästhetisch richtig«, in: ders., Chor und Gesetz. Wittgenstein im Kontext, Frankfurt am Main.

Seubold, Günter (1993): Heideggers nachgelassene Klee-Notizen, in: Heidegger Studies 9.

Sibley, Frank (1959): Aesthetic Concepts, in: Lamarque/Olsen 2012.

Vasari, Giorgio (2004): Kunstgeschichte und Kunsttheorie. Eine Einführung in die Lebensbeschreibungen berühmter Künstler anhand der Proemien, übers. von Victoria Lorini, hrsg., eingel. u. komm. von Matteo Burioni/Sabine Feser, Berlin, 2. Aufl.

Vitruv (1996): Zehn Bücher über Architektur, übers. und mit Anm. versehen von Curt Fensterbusch, Darmstadt.

Waldenfels, Bernhard (1994): Ordnungen des Sichtbaren, in: Boehm 1994.

Weitz, Morris (1956): The Role of Theory in Aesthetics, in: Journal of Aesthetics and Art Criticism Bd. 15, in: Lamarque/Olsen 2012 (dt. zitiert nach: Morris Weitz, Die Rolle der Theorie in der Ästhetik, in: Bluhm, Schmücker 2005).

Welsch, Wolfgang/Pries, Christine [Hrsg.] (1991): Ästhetik im Widerstreit. Interventionen zum Werk von Jean-François Lyotard, Weinheim.

Wieland, Wolfgang (2001): Urteil und Gefühl. Kants Theorie der Urteilskraft, Göttingen.

Wilke, Andrea (2012): Wittgensteins Philosophie der Kunst, in: Wittgenstein-Studien Bd. 3, Berlin/Boston.

Wittgenstein, Ludwig (1984a): Tagebücher 1914-1916, in: ders., Werkausgabe, Bd. 1, Frankfurt am Main.

– (1984b): Vermischte Bemerkungen/Zettel, in: ders., Werkausgabe, Bd. 8, Frankfurt am Main.

– (2000): Vorlesungen und Gespräche über Ästhetik, Psychoanalyse und religiösen Glauben. Zusammengestellt und herausgegeben aus Notizen von Yorick Smythies, Rush Rhees und James Taylor von Cyril Barrett, Frankfurt am Main.

– (2001): Philosophische Untersuchungen. Kritisch-genetische Edition, hrsg. von Joachim Schulte, Frankfurt am Main.

– (2003): Philosophische Untersuchungen. Auf der Grundlage der Kritisch-genetischen Edition neu herausgegeben von Joachim Schulte, Frankfurt am Main.

Wollheim, Richard (1982): Objekte der Kunst, Frankfurt am Main.

Zilsel, Edgar (1990): Die Geniereligion. Ein kritischer Versuch über das moderne Persönlichkeitsideal, mit einer historischen Begründung, hrsg. von Johann Dvorak, Frankfurt am Main.

Zimmermann, Jörg (1980): Sprachanalytische Ästhetik. Ein Überblick, Stuttgart-Bad Canstatt.

Stefan Majetschak, geb. 1960, Studium der Fächer Philosophie, Kunstgeschichte und Vergleichende Literaturwissenschaft an der Universität Bonn, Promotion 1989 und Habilitation 1998, ist seit 2000 Professor für Philosophie an der Kunsthochschule in der Universität Kassel.